Leaves
Publishing

根
以讀者為其根本

莖
用生活來做支撐

葉
引發思考或功用

果
獲取效益或趣味

敗家無罪

SHOPPING 的 30 個理由

梅薇絲 Mavis ◎ 著
納西鰈斯 Narcissus ◎ 圖

Shopping的30個理由─敗家無罪

編 著 者：梅薇絲

出 版 者：葉子出版股份有限公司

發 行 人：宋宏智

企劃主編：萬麗慧、鄭淑娟、林淑雯、陳裕升

媒體企劃：汪君瑜

活動企劃：洪崇耀

責任編輯：姚奉綺

文字編輯：廖文雅

美術編輯：四季

封面設計：李傳慧

專案行銷：吳明潤、張曜鐘、林欣穎、吳惠娟

登 記 證：局版北市業字第677號

地　　址：台北市新生南路三段88號7樓之3

電　　話：（02）2366-0309　傳真：（02）2366-0310

讀者服務信箱：service@ycrc.com.tw

網　　址：http://www.ycrc.com.tw

郵撥帳號：19735365

戶　　名：葉忠賢

印　　刷：鼎易印刷事業股份有限公司

法律顧問：北辰著作權事務所

初版一刷：2004年7月　　　　新台幣：200元

I S B N：986-7609-33-6

國家圖書館出版品預行編目資料

Shopping的30個理由-敗家無罪‑‑/梅薇絲作.
— 初版. —
臺北市　：葉子，2004[民93]　面；　公分.
— （三色堇）
ISBN 986-7609-33-6（平裝）
1. 消費 2. 購買
551.85　　　　　　　　　　93010557

總 經 銷：揚智文化事業股份有限公司

地　　址：台北市新生南路三段88號5樓之6

電　　話：(02)2366-0309

傳　　真：(02)2366-0310

※本書如有缺頁、破損、裝訂錯誤，請寄回更換

血拼有理，敗金無罪！

　　我常常想，如果不是我的「因爲工作需要」，我也不會變成超級敗金女。

　　話說從前，當我還是個只會校稿貼圖的小編輯時，光一個月的房租就去掉我微薄薪水的三分之一，根本沒有多餘的閒錢逛街壓馬路血拼。

　　後來當我成爲書籍的編輯企劃後，我才深刻體會到，自己敗金的實力與潛力多麼雄厚與驚人。爲了發掘作者，讓作者相信我的專業能力，我不再穿T恤牛仔褲，開始投入巨額的治裝費打扮自己。爲了要企劃出特殊的書籍，我瘋狂買書，希望從書中尋找有用的創意。爲了拍攝食譜，加強自己的鑑賞力與品味，我開始買餐具，並改變自己固定的飲食習慣到各地尋訪品嚐美食。爲了要做旅遊書，我克服自己暈機的毛病，開始出國旅遊。又爲了企劃古典音樂書籍，我開始培養自己的藝術品味，不再聽流行歌曲，並到畫廊或國家音樂廳，欣賞美術作品或看看歌舞劇。

如果說爲了工作，投入這麼多時間與金錢，這樣的犧牲值得嗎？當然不是，其實我只是爲自己享受血拼的樂趣尋找一個冠冕堂皇的理由而已。

不過慶幸的是，到目前爲止，我還只是個「敗金女」，並非「敗家女」。因爲自己賺錢自己花，自己快樂最重要，所以血拼可是真正有理。

當然最後，我也非常感謝同屬敗金一族的諸朋親友Fairy、藍天士、Nicky、美少女、Fiona、小燕子等，不但身體力行努力血拼，並友情贊助提供創意，讓這本天下無雙宇宙無敵超級霹靂的血拼經驗書籍分享給大家。

Shopping 血拼的30個理由 敗家無罪

S 血拼的30個理由
Shopping 敗家無罪

修身治國篇

但求『爽』字篇

女人本性篇

意志薄弱篇

是什麼原因讓你買個不停？
又是為了什麼讓你著了魔似的，
奮不顧身、不顧一切地拿起信用卡猛刷呢？
這真的只能怪自己意志薄弱呀！

01 週年慶和贈品對我下了蠱

為何週年慶會有這麼大的誘惑呢？到底這中間隱藏著什麼樣的玄機？以下的幾個理由，可以為你的衝動血拼找到冠冕堂皇的藉口。

說到血拼的最好理由，莫過於「週年慶」這三個字了。以前這個名詞只有年終時在傳統的百貨公司、量販店才看得到，但由於每年週年慶時所造成的人潮、車潮、錢潮引起的新聞話題不斷，所以各行各業為了分一杯羹，也顧不了什麼江湖道義，紛紛使出渾身解數，大舉「週年慶」的旗幟，廣肆宣傳。以至於雜貨店、家具業、攤販、小吃等什麼亂七八糟的行業，甚至連賣檳榔的西施也來摻一腳，以「買一顆送兩顆」的口號，吸引紅唇族目光，雖然名義上你買的是一顆顆紅花、雙生子的檳榔，但事實上送的卻是辣妹身上惹火引人遐思的……。

回歸正題，很多人一定很好奇，為何百貨公司的週年慶時間都選在年終呢？不管何年何月開幕的，只要到了年終就打著「週年慶」的口號，大張旗鼓、名正言順地搶奪消費者口袋裡的銀兩。事實上這是有玄機的，一來是業者為了出清存貨，想個名義變個花樣替自己解套；二來是沾地利之便，

趁對方「週年慶」同時，順便自己也辦個「週年慶」，共同分享這塊市場大餅。根據百貨業者粗略估計，每年一度短短兩、三個星期的週年慶銷售額，往往就佔了整年度整體業績的三、四成，莫怪百貨業者總是把一年一度的週年慶辦得像迎媽祖一樣了。

為何週年慶會有這麼大的誘惑呢？讓一個個消費者就像著了魔似的被催眠一般，奮不顧身、不顧一切地拿起信用卡猛刷呢？到底這中間隱藏著什麼樣的玄機？以下的幾個理由，可以為你的衝動血拼找到冠冕堂皇的藉口。

流血價格，超值優惠

自古以來，價格高低就是誘惑人心、衝動血拼的最大原因！尤其是平日居高不下的名牌精品，在百貨公司週年慶的聯合包裝下，流血價格更是格外引人注目。九折、八折、六五折，折折都勾起先生少爺姑娘們的購物騷骨子，買一百、送兩百，買一千、送兩千，送得每位先生小姐的心都「爽」。

刷卡大戶通常會在各家百貨公司週年慶的前幾個星期，就收到百貨公司所製作的精美採購指南型錄一份，我們姑且稱它為「葵花寶典」。千萬可別小看這本「葵花寶典」，聰明又有頭腦的消費者可要好好利用它，因為這可是讓你在這場數萬人的武林大會中，拔得頭籌的致勝武功秘笈。

血拼的30個理由 敗家無罪

翻開這本「葵花寶典」，映入眼簾的盡是五花八門的折扣價。號稱全年不打折的化妝品、精品，也在這時偷偷的、悄悄的做出優惠促銷價。千萬別忽略了這本專刊的前幾頁優惠，它可是每年百貨公司週年慶戰役中致勝的關鍵。而女性的化妝品業績，更是佔了百貨公司總營業額的三成。怪不得近幾年來，常聽到「女人撐起半邊天」這個新名詞，花老公、男朋友的錢，當然不會心疼，寵愛自己才是真女人。所謂「認真的女人最美麗」，當然啦！美麗的女人也是最認真血拼的呢！

精美贈品，送送送

「有吃有拿」當然是花錢的第二大動機，在比較完所有的價格之後，對於消費的附加價值當然要仔細推敲。雖然專櫃或業者所提供的贈品都是幾十元不等的大陸廉價品或試用包，但無魚蝦也好，在業者刻意的包裝下，贈品似乎就成了決勝天下的主要關鍵。

你知道週年慶中有哪些贈品可拿嗎？不說你可能還不知道，一場週年慶下來，買一送五、買一送十的禮物，要你雙手都拿不動的機會到處都有。

來店禮

光看字眼不用解釋就知道，只要週年慶期間來百貨公

司，憑著百貨公司的貴賓卡，就可以得到精美贈品一組。當然啦！免費的東西誰不要？加減貼補家用也好，起碼這也算是百貨公司這種高級地方送出來的東西呢！也由於拿禮的門檻不高，所以贈品就以大眾化的包包或是生活百貨為大宗。如果只拿到一個小碗贈品，在整體的搭配上會有些單薄，這時候，聰明的家庭媽媽桑就會動員全家力量，每個人都辦一張百貨公司的聯名卡。這樣一來，別人是一個一個拿贈品，他們是一整組整組的換。如果自己不想要，還可以拿回家DIY換新包裝，送給朋友親戚當大禮，真可說是「送禮自用兩相宜」。

排隊禮

只要排隊就可以拿到的贈品，說什麼也要請爺爺奶奶放棄一大早的晨間運動時間，去幫忙排隊拿贈品。不過百貨公司這種花招通常只用在每日開門時，限量的前幾位消費者有時還要拿號碼牌才可能換到。由於來排隊的幾乎都是「閒閒沒代誌」的人，所以為了符合消費者的心態與生態，禮物也多以柴、米、油、鹽、醬、醋、茶或小孩的文具為主。可別小看這幾十元的民生必需品，小儉可以修身養性，大儉還可以齊家治國平天下呢！

卡友禮

信用卡公司與百貨業結盟，只要持該家銀行所發行的信用卡，週年慶期間憑卡消費滿額就可以換贈品，所以在出門前，最好先看看哪家銀行的信用卡可以換贈品，再帶適當的信用卡前往戰區血拼。

滿額送

除了百貨公司所辦的大型贈品活動外，各專櫃也不遑多讓，滿幾千元就送小禮盒，再滿幾千元，加贈大禮盒，一日購買萬元，就可成為終身會員，每月還可以領小禮物。這樣的技巧，像極了把玉米花一顆顆排成一條直線，而你就像一隻無知的小麻雀，在精心策畫的誘餌下，一步步地踏入死亡圈套，然後失血、敗家、陣亡。

集點禮

別以為贈品只有上面幾種，接下來才是百貨業者更恐怖的主題式搶錢高招。除了各專櫃的消費之外，通常百貨公司會以當天全館的消費，再給予消費者高級的精美贈品，逼迫衝動型血拼的人再瘋狂加碼。小則三、五千元起跳，只要憑當日全館的發票，到擠死人不償命的金額統計區去統計，就可以換到不賴的獎品。當然啦！百貨公司也會給貢獻度超高的血拼者一些鼓勵性大獎，如大型家電、旅遊度假券……等。只是要怎樣才能拿到這些獎品呢？「騎馬」要花個十來

萬才有機會,要是「騎豹」的話,可能要花上百萬元的代價。你別懷疑這種騙人花招誰會相信?告訴你,台灣這種人滿街都是,至少在看本篇文章的你,絕對有這種潛力。

彩券禮

當然啦,如果只是小小贈品怎麼會吸引人?百貨公司無不出奇招,以送房子、送車子為最大號召,滿額就送一張摸彩券,然後週年慶完後,再抽出送大禮。至於怎麼送?最後誰得?這中間是否有黑箱作業,那就天知地知,你不知我不知了。

無罪箴言

認真的女人最美麗!
美麗的女人也是最認真血拼的!

○2 都是拜物主義搞的鬼

> 人們為「物」執迷、為「物」瘋狂，想要擁有的慾望就如同無邊無際的大海一樣遼闊，如深不見底的黑洞一般神秘。

　　女人的衣櫥總少一件衣服，男人的車一換再換不嫌多，這是為什麼？答案很簡單——拜物主義作祟。說穿了，衣服不就是為了蔽體，最多穿得了幾件？車子是代步工具，沒有人能同時開兩輛車吧？說到拜物，不分男女都是非理性的，西方哲人亞里斯多德曾說過一句名言：「人是理性的動物。」但恐怕在這方面就說不通了。

　　人們為「物」執迷、為「物」瘋狂，想要擁有的慾望就如同無邊無際的大海一樣遼闊，如深不見底的黑洞一般神秘。所以喝咖啡，一定要到Starbucks；逛書店，一定要去誠品；買包包，一定要Prada；挑首飾，一定要鎮金店；化妝品，一定要用SKII；買衣服，不是Gianni Versace（凡賽斯），起碼也是Karl Lagerfeld（拉格斐）等級；至於運動鞋？Nike是一定要的啦！反正說來說去，就是拜物心理，不管古今中外，男女老少，每個人或多或少都曾經對某些東西

執迷過。至於「啥米碗糕」這麼吸引人？不如咱們分門別類，逐一將這些玩意兒揪出來，看看它們讓人愛不釋手的理由在哪裡？

偶像周邊商品

有句話說：「因為上帝無法親自照顧每一個人，所以創造了母親。」螢幕上紅得發紫的帥哥美女偶像明星們，似乎將這種方式發揮到極致。因為每位歌迷或影迷都很愛他（或她），由於分身乏術，所以製造了許許多多的周邊商品陪伴愛護與支持他們的fans，如日本傑尼斯家族的藝人可說是最典型代表，不管是SMAP、Tokyo、Kinki Kids，或是更年輕的V6、Arashi（嵐），只要與他們相關的產品，如墊板、扇子、月曆、T恤、抱枕、娃娃等，通常一下子就會被死忠的fans搶購一空，即使在台灣，這些產品也非常受歡迎。

所以，當fans肚子餓時就可以買偶像代言的泡麵來吃；當fans覺得熱時可以買印有偶像的扇子；當fans寂寞時更可以買偶像娃娃或抱枕擁在懷中……。舉凡日常生活中用得到、用不到的東西，這些偶像都為你設想到了，真是貼心不已，fans為了偶像瘦了荷包又何妨！

而一些所謂「限定版」的周邊商品，更是讓fans疲於奔

命，因為只有在特定地區發售，非得親自到該處才買的到，例如「北海道限定版」或「2004 Concert Tour in Taipei & Hong Kong」等諸如此類的噱頭，可不是有錢就買得到。增加蒐集的難度，似乎更激發了fans非弄到手不可的高昂鬥志，四處高價蒐購，或上網競標，為了展現對偶像高度的愛與崇拜，fans無怨無悔且樂此不疲。一旦有「新貨到」必定爭相走告，互通消息，呈現一種既互助又競爭微妙關係。

卡通漫畫相關產品

　　卡通豐富我們的童年，即使長大了仍然對這些可愛的朋友念念不忘，像是小叮噹、史奴比、Kitty貓、小熊維尼或趴趴熊等，有些甚至與連鎖速食店、銀行結合，拿來做為促銷的商品，而且每次掀起的話題更是風起雲湧。例如，前幾年麥當勞引爆的上班族翹班排隊搶購Hello Kitty的風潮仍令人記憶猶新，誠泰銀行發行的Hello Kitty信用卡紀錄也讓人印象深刻。除此之外，這些受歡迎的卡通也運用在各種設計上，無論是鍋碗瓢盆、床單浴巾、燈飾、鉛筆盒、背包、貼紙或手錶，對於喜歡它的人，自然會想盡辦法蒐集所有的相關產品，特別是一些罕見的限量商品，更是費盡心思尋尋覓覓以豐富收藏。

　　如果有人身穿的是Kitty，用的是Kitty，吃的是Kitty，你真的不用太吃驚，因為他純粹只是在盡一個Kitty迷的「義務」罷了，至於其他的卡通迷的行徑恐怕更是有過之而無不及。甚至有些fans會呼朋引伴，形成一個同好團體，相互交換心得之餘，偶爾也會打扮成卡通或漫畫中的角色自娛娛人一番呢！反正不玩物喪志即可，只要你喜歡，有什麼不可以。

名牌服飾

　　青少年有青少年崇尚的名牌，成年人有成年人崇尚的名牌。以青少年來說，一雙不錯的氣墊鞋，一個不錯的運動包包，少了一個勾或少了三條斜線，就不夠炫。除此之外，就算不運動，頭上戴的棒球帽、身上穿的運動服、護腕、護膝等，也都要「系出名門」一應俱全才可以，還得隨時注意是否有新一代的款式出現，否則豈不枉費青春一場了。想要應付這些需求，其實所費不貲，並非每個家庭都負擔得起，因此為了買名牌，打工也是心甘情願吧！

　　說到成年人那就更不得了了。名牌包包太誘人，非買不可，而既然買了包包，就得有雙漂亮的涼鞋搭配，還有衣服也不錯，耳環、手鍊、小錢包也不能少……真要一身名牌，光靠打工自然無法支付，薪水恐怕也很有限，那麼就刷卡

吧！先刷了再說，越刷越美麗，至於巨額欠款反正天知、地知、銀行知、我知，外人一點也不知，慢慢再想辦法囉！

是愛慕虛榮？炫耀心態？或者只是希望獲得同儕認同？天知道，反正就是迷戀名牌，名牌帶來自信，帶來好人緣。總之，給我名牌，其餘免談！

無罪箴言

反正不玩物喪志即可，只要你喜歡，有什麼不可以。

○3 愛慕虛榮正在興風作浪

> 既然花的都是自己賺的辛苦錢，誰對誰似乎都沒有像以
> 往一樣具有發言制止的權利，所以只要是你喜歡，有什
> 麼不可以呢！

血拼的理由千奇百怪，可是有一種非常special的理
由，足以讓所有敗家子與敗金女奮不顧身又勇往直前的，那
就是虛榮心。別問虛榮心一斤值多少錢？因為它的價值因人
而定，有時候一文不值，有時候千金難買。當然根據歷史的
經驗告訴我們，愛慕虛榮的下場，通常都是一個「慘」字形
容，即使你有家財萬貫，有時也會因為虛榮心的興風作浪而
搞得烏煙瘴氣，最後一敗塗地。

然而許多敗家子與敗金女記性通常不太好（你應該聽過
「貴人」多忘事吧），也不會以歷史為殷鑑，尤其是在兩性平
權主義的伸張下，女性可與男性一樣享有消費的自主權。既
然花的都是自己賺的辛苦錢，誰對誰似乎都沒有
像以往一樣具有發言制止的權利，所以只要是
你喜歡，有什麼不可以呢！當然要成為愛慕
虛榮的敗家一族，可是要有以下四樣必備
條件的，請看筆者的精闢分析。

非名牌不穿

　　不同的年紀可能對於名牌會有不同的定義，如少男少女心目中的名牌可能是幾百元就可以打發，例如以「G」為開頭的GIORDANO；年紀大一點，可能買的是幾千元，一樣是以「G」為開頭的GUESS；再年長一點兒的都會男女要求更有品味，可能就是以萬元起跳，一樣以「G」為mark的CUGGI。這三「G」代表著一個人lifestyle的成長史，也代表著一個人虛榮心的血淚史。

　　除了G牌之外，名列敗家一族追求的頂級時尚當然不只這些，如果你想晉升敗家行列，世界知名廠牌的資訊可要念茲在茲、時時刻刻的牢記才行。

　　由於號稱頂級名牌，所以商品的供應通常是有限量的，為了怕買的紳士淑女會遇到與別人撞衫、撞鞋的窘境，所以這些名牌都不是有錢就可以買得到。如果你想成為一個獨一無二、品味高人一等的敗家族，可要多和店員打好關係，讓新貨一到時，店員會第一個通知你。當然啦！出手絕對不能眨一下眼，萬一虛榮裝闊的真面目被店員發現，東窗事發可是「粉」尷尬的唷！

　　除了衣服、裙褲、手錶、配件樣樣都不能缺之外，就連

017

平常用的筆記本，最好也搭配名牌成套的使用。雖然這些筆
記本的功能與小學生的作業本沒什麼兩樣，但是多了一個
mark，價錢的尾數可就多了三個零。不過這還只是邁向敗家
名流的基本要求，萬一連這點小錢你都搞不定的話，接下來
的幾項條件想要達成可就更難上加難囉！

非名車不坐

出門搭計程車，一個字形容，「遜」；搭捷運，兩個字形容，「更遜」；搭公車，三個字形容，「遜斃了」。開美國車，「酷」；開日本車，「更酷」；開德國雙B的黑頭轎車，「酷斃了」。既然都肯花錢買名牌服飾了，為了要搭配良好的氣質，當然需要高級進口的轎車來襯托出與眾不同的尊貴了。一身的行頭，若出入還是靠伸手牌的黃包車，可會讓人覺得有「畫虎不成反類犬」的反效果。

不過有時候在路上，經常會遇到一些剛晉級初階班的敗家女，身上的財產只夠買個幾萬元的香奈兒包包，出入還是得騎著「什麼都響，就是喇叭不響；什麼都靈，就是煞車不靈」的中古機車穿梭車陣間，雖然有點拙樣，但見她努力往敗家一族擠身的辛苦，就姑且不討論那見笑的造型了。

非名店不逛

身穿名衣、出入都有名車之後，接下來當然要逛名店了。不然之前兩項苦心的修練，不就毀於一旦嗎？以前常逛的百貨公司，最好變成選擇性的只逛名品所在的幾層樓。若真的要逛，當然也是以台北五星級飯店旁的精品店為主，這樣才能享受那種至高無上、無比尊榮的感覺。

　　如果要買手錶，你會到勞力士、卡地亞專賣店去看幾十萬的鑽錶，還是到地攤貨去挑一對一百元的錶呢？這個問題對於一般人來說，可能只是覺得手錶嘛，不就是看看時間，應該沒有太大的要求；但是對於虛榮心相當強的人來說，花錢就是要花在正品身上，才會顯示出自己的身分地位。面對那些購買仿冒品的人，有錢人通常只會用一付相當不屑的眼光鄙視。不過話說回來，有錢人就是應該用兩個鼻孔看人才會與眾不同，否則別人怎麼會知道你到底多有錢呢？

　　只是令人百思不解的是，一只一百萬的手錶與一只一百的手錶，兩只錶的時間不知道誰跑得比較快呢？莫非，一百元的手錶一分鐘秒針轉一圈，一百萬元的手錶秒針一分鐘多轉一圈？如果沒有的話，那戴錶的意義就不在於時間的準確與否，而是在於戴錶者的心態不同。但是，多說無益，反正等你有錢到這種地步，你自然就能明白其中的奧妙了。

非名人不交

　　好不容易將所有累積的財富用在名牌服飾、進口轎車、精品名店上，最後若能釣到一位凱子哥或俏貴婦來供你揮霍，那敗家的成果更能天長地久。因為「由儉入奢易，由奢入儉難」，如果你千金散去，用金錢堆起來的虛榮已無法控制，當然需要更多資金的挹注並維持不敗之境地。

　　「人因夢想而偉大。」這句話說的一點都沒錯，苦心堆起的金字塔，眼看就要到達頂端了，千萬別因為心軟而一失足成千古恨。多找機會認識一些政商名流或影劇圈中數一數二的大明星，這樣成為敗家子或敗金女更能心安理得。只要咬緊牙關，撐過了這段令人坎坷的心酸路，你的未來絕對不是夢。

　　不過千萬謹記，哪天成為名人背後的最佳男主角或女主角後，就不要再和以前一些青梅竹馬、狐群狗黨有任何聯絡了，不然被八卦雜誌抖出以前小名叫「阿醜仔」、「阿猴ㄟ」，顏面無光不說，還有可能將費盡心機搭建起來的長城一夕之間毀掉，若想東山再起，可能已過百年身而徒嘆青春不復返了。

無罪箴言

既然花的都是自己賺的辛苦錢，誰對誰似乎都沒有像以往一樣具有發言制止的權利。

04 為了中獎，賭性一定要堅強

在血拼一族中，更有許多的人是為了獲得獎項，才去消費，可見「獎」之迷人，總是令人無法擋，它充滿了神祕、期待。

台灣民眾賭性堅強，習慣成自然，可是舉世皆知。繼樂透彩風起雲湧之後，更是吹皺一池春水，使得彩券成為一種全民運動。哪裡有摸彩，便往哪裡鑽，總是想試一試手氣，「男子漢拿得起、放得下」、「願賭服輸」，這可能已成許多英雄好漢的生活寫照吧！或許人人都有做夢的權利，總是幻想能成為億萬富翁、開名車、穿名牌、喝洋酒，那種呼風喚雨的日子，正是大家夢寐以求的生活；而許多業者，洞察出人性在這方面的天賦，更是竭盡所能提供各種千變萬化的摸彩方式，來啟發人類的潛能，以高額的獎金、名貴的跑車、昂貴的機票等各種誘人的獎項，來引發民眾的購買欲。

「買越多、獎越多」，是不變的定律，正因有時所得到的大獎可能更勝於實際購買物品的金額，因此也就讓民眾心服口服的說服自己，去買那些也許是目前不需要的物品，只為了能有摸獎的機會，也許一夕之間，我就是眾人的目光焦點，所有的樂事，在開獎的那一刻，一切盡在不言中。

以下各種常見的獎品，就是促進消費，鼓勵大家血拼的好理由！

1.旅遊機票：相信許多人都喜好大自然，而且都有環遊世界的夢想，若是能抽中機票，出國旅行，拓展視野，且開懷遨遊天地之間，人生又夫復何求？

2.大型家電用品：如電冰箱、電視機、微波爐、冷氣機……等家電，它能讓你淘汰老舊的家電用品，使家裡煥然一新；然而若是家中已有的電器，為了使得來的獎項不致於佔用居家空間，還可將它變賣成現金。

3.高級豪華的別墅：高格調、高品質的居家環境，總讓人彷彿置身在桃花源的世界，通體舒暢、心情愉悅，而紅塵俗世的繁瑣，也將會在踏入家門的那一刻，便與世隔絕，拋至九霄雲外，如此高檔的獎項，常能為業者帶來無限的商機，為民眾帶來無限夢想，皆大歡喜。

4.商品禮券：禮券就是讓你以免費的價格再去購買，正符合血拼族的心意，它的好處就在於它能令你隨意選擇所需的用品，而非限定某一商品，選擇更多樣。

5.高級名車：國產車也好，進口車也好，汽車也好，機車也好，腳踏車也好，車子總是代步的工具，讓人以最短的時間，換取最大的空間，當然是越多越好。

6.鍋、碗、瓢、盆等生活日用品：生活日用品的消耗量總是最大的，若是抽中這類商品，也不無小補，總有一日會使用得到，送禮自用兩相宜。

7.現金：雖說錢不是萬能，但沒有錢確實是萬萬不能！因此，現金獎項總最能切合人心意，讓你眉開眼笑。

8.其他：由於每個人對獎項的需求、認知不同，而對物質的價值，感受也不一，因此，凡是能讓你滿意的獎，皆屬此類。

除了以上是大家趨之若鶩、多多益善的獎品之外，也有一些是令得獎者聞之色變、避之唯恐不及的獎項，相信許多民眾也有類似的經驗，例如：

1.精神鼓勵獎：如再接再厲、銘謝惠顧……等獎項，它明白照示著希望落空，所以當民眾得到此獎時，常常將它當作垃圾一樣的丟棄，或是視而不見。

2.集點獎：人的耐性是有限度的，若是要人不斷的購買，才能有機會獲得大獎，這也常令人感到沒有立即性得獎的痛快，所以只好放棄。

3.不痛不癢獎：毛巾一條、肥皂一盒、牙刷一支……等，得到時並沒有任何的感覺，一點也激不起得獎的樂趣，就像陽光空氣一般，常常讓人忘了它的存在。

4.最好不要獎：有些獎項美其名是讓你感到得獎的喜悅，然而其主要是讓你再次掏出荷包去消費或加入會員，例如免費的護膚、瘦身券等，大家在使用時可要打

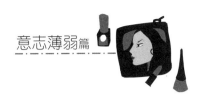

聽清楚。

　　5.根本不是獎：這種獎最不誠實，它是有些商人，為了促進民眾消費，所想出的一種花招，其中牽涉詐騙斂財的不法勾當，這種獎項，常常出現在不景氣的時候，利用人性的弱點，來誘惑民眾。

　　由上可知「天上掉下來的禮物」，也並非全是神的眷顧，有時它也可能是一種變相的獎，它考驗者人性的慾望，民眾一定要提高警覺，以理性智慧的判斷力，在一系列誘人耳目的獎項中，識破大獎之所在，並深入了解得獎的方式，才能讓你在過足抽獎的癮時，不致於迷失在一陣眼花撩亂的獎項中，人還沒得獎，荷包就先大失血，而使不肖份子或是詐騙集團有機可乘。

　　總而言之，血拼帶來無限的商機，漁翁得利者常常是商人，然而為了回饋民眾，有些獎

項其實也使消費者與生產者產生了良性的互動。

　　在血拼一族中，更有許多的人是爲了獲得獎項，才去消費的，可見「獎」之迷人，總是凡夫俗子無法擋，它充滿了神祕、期待。若是偏財運旺盛的民眾，不妨試一試手氣，感受得獎的樂趣，也許它能讓你在一成不變的生活中，體會不同程度的喜悅。而手氣差的朋友，也別氣餒，反正並沒有任何的損失，而且也許還有更大的獎等著你去獲得呢！

　　獎之可貴，雖然隨不同的人而有不同的價值；然而，若你在血拼時，能審慎考慮自己的需求，購買商品時才不會隨「獎」起舞，產生不必要的困擾、失落、沮喪等負面情緒，而受獎項牽制，或是得失心太重，而使自己神經緊張，失去了購買商品的樂趣與最初的美意。

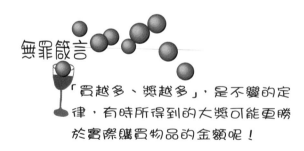

無罪箴言

「買越多、獎越多」，是不變的定律，有時所得到的大獎可能更勝於實際購買物品的金額呢！

05 收藏與血拼有親戚關係

血拼一族，在天生具有收藏癖的心態中，總是認為擁有
心愛的物品是人生不可或缺的精神糧食，如果不能擁
有，那將是人生中難以抹滅的遺憾。

喜愛美好的事物，是人類共同的天性。人們總是喜歡將
美好的事物，收藏在自己的羽翼中，並且打造一座屬於自己
心靈的祕密花園，沈醉其中、流連忘返，以致於無法自拔。

許多血拼一族，總是不惜花費辛苦賺來的血汗錢，不斷
收藏自己喜好的物品，即使餐餐吃泡麵，也要把錢拿來購買
自己心愛的東西，也許那些東西在旁人眼中，根本是無法填
飽肚子的；可是在天生具有收藏癖的心態中，總是認為擁有
心愛的物品是人生不可或缺的精神糧食，如果不能擁有，那
將是人生中難以抹滅的遺憾。因此，縱然是窮微薄之薪水，
也不要使自己在後悔遺憾中過日子，唯有擁有它，人生才是
美好而充滿色彩。

對於喜愛收藏美好事物的人而言，他們所收藏的物品，
常能帶給他們許許多多的人生意義或是精神象徵，而在收藏
的過程中，他們像是不停地在尋找心中失落的一角，不斷地

填補充實自己的寶庫，因此在血拼的過程中，我們也可見到各種不同類型的收藏理由，以下略舉幾種類型，提供大家參考參考。

不同時節的限量商品

相信這是許多人常有的經驗，每當銷售人員天花亂墜的推銷他們的商品，只要你不小心流露出那麼一絲絲的軟弱，他們就會使出渾身解數，說道：「這商品是限量發行、限時搶購。」這一句話往往會將我們原來僅存的理智，打的落花流水，也深深的說到購物者的心坎上。因為如果現在不買，也許將要等上一月、一年、或是一輩子，天啊！這樣緊張、慌亂的心情，令人心想如果現在不買，將來一定會後悔。也因此，原來只是想買一樣商品而已，最後變成惟恐日後貨源短缺，就成箱成打的購買了，所以無形中產生了被動型的收藏家。

東西便宜，錯過可惜

我們在買東西時，經常會不知不覺買到許多相同或相似的東西，即使當時已發現原來自己擁有了許多相同或類似的東西，也常會因為價格太便宜的心態，去購買那些自己已有的東西。就算事後深切反省，但下次仍會因貪小便宜的心態去購買，思索其原因，就在於我們腦中總會閃過一個念頭：「這麼便宜，不買太可惜了！」

就像每年百貨公司大大小小的活動中，諸如情人節、母親節、端午節、中秋節、週年慶、聖誕節、化妝品節、換季大拍賣等等，琳琅滿目的名堂中，總是推出許許多多的折扣商品，標榜著限量特價的商品，來吸引消費者的荷包，這個時候如果我們不共襄盛舉參與演出，似乎就太辜負了這些節日的美意了。如此在這樣的盛情之下，常常就必須每隔一段時間爲自己所購買的物品尋找可容身之處，眞可堪稱爲五花八門的收藏家。

全系列商品收藏

Hello Kitty一族，對Hello Kitty的收藏，小從鉛筆、橡皮擦等文具用品到牙膏、牙刷等盥洗用品，更延伸到電視機、電冰箱等大型電器用品一應俱全，產品之完備，簡直讓

人眼花撩亂、措手不及，最後只好在不知不覺中，乖乖的掏出自己荷包，把它們全打包進自己的日常生活中，期待每天一早起床睜開雙眼，所見、所聽、所用的全都是Kitty所打造的世界。

還有另一種人，常因為喜歡某一物品，就將這一系列商品的所有顏色買齊，紅色象徵熱情、白色象徵純潔、藍色象徵憂鬱、黑色象徵神祕，隨著各種心情的轉變，來使用各種不同顏色的商品，或著隨各種不同節日的來臨變化顏色，最常見的就是在過年時，人們為祈求好運的降臨，而穿紅色的衣物。

幸運的象徵

喜歡蒐集水晶的人，他們相信的是水晶中所蘊藏的無限能量，以及它所帶來的幸運傳說。譬如閃閃動人的黃水晶，它代表著財富；而純淨潔白的白水晶則代表是專注、集中注意力；神祕的紫水晶代表著智慧、健康；至於宛如玫瑰般的粉水晶更是一般少女們所憧憬的愛情、人緣……等，這麼多滿滿的幸福，誰不想全部擁有呢？於是便產生了這一類型的收藏家。

看了以上各種不同的收藏，不曉得你是屬於哪一種類型呢？不管你是哪一種類型的收藏家，最重要的是，記得在適當的時機，將所收藏的商品，合宜的使用，使它能夠發揮它最大的效用。

因為喜愛收藏的人，雖然也是血拼一族，然而他們與其

他人較不同的地方，在於他們對於商品，總有一種「捨不得使用」的心態，有些商品甚至買了數十年而從未使用。

　　然而人的眼光和對事物的看法，總會隨著時空的轉變而改變。因此，收藏者也會常面臨到一種困境，對於自己曾經買過的商品，在某一日起床後，卻發現「為何我以前會買這種東西」或是「這東西現在已不適合我了」，更糟的一種狀況是過去苗條的身材，如今已臃腫難看，所以只好放棄，投入資源回收筒。因此，愛物者應是能在適時合宜的時間、場所，去享受所購買的商品，並用心的保存、保養，使它能發揮最大的功效，不致於只是將它藏起來，而忽略了享受的樂趣，如此才稱得上是一個既懂得生活樂趣，亦懂得生活享受的收藏家。

無罪箴言

擁有心愛的物品是人生不可或缺的精神糧食，唯有擁有它，人生才是美好而充滿色彩的。

06 大家叫我買我就買

在一番熱烈的讚嘆與品頭論足後，終於人手一包的將它帶回家，這時如果不順應民意的也帶個一包，似乎就太對不起同行血拼的戰友了。

相信大家一定有過這樣的經驗，一票朋友出去逛街壓馬路，在某某商店裡看到一樣新奇的東西，在一番熱烈的讚嘆與品頭論足後，終於人手一包的將它帶回家，這時自己如果不順應民意的也帶個一包，那麼就似乎太對不起同行血拼的戰友了。不需要思考太多東西的實用性，也不必要太在乎價格的高低，更不用考慮是否符合自己的需要，總之在血拼的戰場上與同袍夥伴並肩作戰，往前殺出一條血路，絕不回頭望是唯一的選擇。

到底是什麼樣的情況會讓人無法拒絕血拼的衝動？以下的幾點理由可以為不得不血拼的你找出一個方向，清理出一個頭緒，讓愛血拼的你更了解不得不血拼的好理由。

盛情難卻，避免後悔

盛情難卻是促進血拼因子的原動力之一。總是在朋友或推銷員三寸不爛金舌的鼓舞下，耳根子越來越柔軟，心越來越癢忍難耐，躁動的情緒開始牽引出「買」與「不買」的矛

盾抉擇，頭腦裡的思緒也開始混沌了起來，這時只要朋友或推銷員加把勁再多給一些「肯定的鼓勵」，相信最後錢不是問題，血拼成功雙方都會露出了滿意的笑容並約定好下次再相會，是盛情難卻下最完美的結局。而事實上真如童話般中「王子與公主從此過著幸福快樂的日子」嗎？相信讀者一定有所體會的！

直銷部隊

對於總是盛情難卻的你來說，遇到直銷商品的推銷員，可以說是「命運乖舛」，如果恰巧這個直銷是你的親朋好友，那只能說你是「在劫難逃」了，不管是哪一種商品的直銷，只要一走進他們的行銷網，想要帶著「扣扣」（錢，台語發音）全身而退是一件不容易的事。

一般來說，直銷有它特有的行銷網路與方法，有些直銷的組織結構更像是老鼠會一樣，將所有的親朋好友、認識的、不認識的，都拉拉拉進來這個直銷網路中，好東西就是要與好朋友分享嘛，這也就構成了使你無法拒絕去血拼的最好理由。

這類商品價格通常都偏高，不過直銷人員都會告訴你商品的價值絕對值回票價。有些直銷商會在你購買之前上些課程，充分累積了你往後血拼商品的動力，上課的成員們都買了，再加上商品有著那麼神奇的功效，為了避免同儕間異樣的眼光，你當然也要努力血拼囉，不但自己受用，更能幫助親朋好友的業績。所以聽大家的話就對了，把握當下要買要快，不買會後悔的哦！

專櫃

不管是哪種商品的專櫃，總會有吸引人前往參觀的好奇心，別出心裁的擺設、特惠價的優待、還有精美的贈品禮。哇！不去看一看真是太對不起充滿血拼因子的自己。這時會有個美麗又有禮貌的小姐來向你詢問需要些什麼，不用等你把話說完，她總能知道你所欠缺的所有東西，然後拿出了精美的商品目錄向你解說，或是直接從架上拿下樣本展示給你看，並且會將這些東西的優點一一的陳述出來。

面對著這麼好的商品，這個時候的血拼因子一定是蠢蠢欲動的，專櫃的小姐這時會教你如何搭配使用才會達到最好的效果，也會告訴你搭配購買會有多少的優惠折扣，當你有一些些的疑惑或考慮時，專櫃小姐會向你說明這是一個難得的機會，你是有幸生逢此時才能遇到這麼千載難逢的好機

會，正所謂機會只有一次，錯過了可能要再等一百年，不買的話真的是會後悔一輩子。到了最後你會越聽越滿意，也會越來越難拒絕不去購買，漸漸地你也會覺得今天沒買，會是後悔一輩子的事。買買買，錢花下去卡刷下去就對了，絕對不能做出讓自己後悔一輩子或遺憾終生的事。

路邊攤

天橋下、火車站邊、大樓騎樓下等地方，經常可見許多小攤販或是有著犀利雙眼的推銷人員，正向著有血拼因子的你緩緩靠近。他們所兜售的東西不一定是高級品，卻大都有一令你不得不買的理由——

為慈善義賣。其實很少人弄的懂是為了哪些慈善事業？也不知是哪些機構機構？總而言之，他們會告訴你一定要購買的理由，這點小錢對於血拼的你來說只是個小錢，卻能救助許多其他的人。不管是為了哪一種慈善而義賣，他們所訴說的

悲苦都能令你不得不同情，也動了惻隱之心，更何況你要是不想購買就會有雙犀利的眼神告訴你，你是一個沒有愛心的人！所以囉不血拼一下怎麼行，管他是為何慈善而賣，反正「有買有保庇」，相信老天爺一定會疼惜有愛心的人。

順應潮流，買了再說

在這個如此進步又現代化的社會裡，流行似乎是件很重要的事。電視、廣播電台、網路天天都有強力放送的廣告，這些傳媒都會用魔音傳腦的功力將許多商品的影像深深地烙印在你的腦海裡，也會激起潛在血液裡的血拼因子，等待時機好好的去血拼一番。

　　無關於個人需要或是個人風格，只要是流行的事物都是好的，別人有的我也要有，如此才能跟得上社會潮流，才不致於落伍成為別人口中的LKK。上至老年人，下至小學生，似乎都躲不開流行的浪潮，人生的意義與目標，都呈現在這一波波的潮流中，買個時下流行的商品，不但能顯示出生活的品味，更可以帶動流行的潮流。因此血拼與跟上流行可以說是身為一個現代人所必備的生活重心。

無罪箴言

在血拼的戰場上與同袍夥伴並肩作戰，往前殺出一條血路，絕不回頭望是唯一的選擇。

及時行樂篇

除了節慶之外，

私人的特別紀念日也是血拼時不可或缺的理由。

至於花錢的多寡，

不在於紀念日對於自己有何意義，

而是視今天心情好不好來決定的。

07 好時機創造血拼好理由

哪些節日最適合當成血拼名正言順的理由，而且可以輕易說服自己，還不會讓旁人說笑話呢？其實瘋狂購物的正當性，往往都只是因為時間的問題。

敗家無罪，血拼有理，有時候瘋狂購物的正當性，往往是因為時間的問題。舉例來說，每年那麼多節日，總該買個東西來慶祝慶祝吧！像情人節就有三次，西洋情人節、中國情人節，再加上日本傳過來的白色情人節，對情竇初開的戀人們來說，這些日子可比迎媽祖還來得重要而且更有意義。要是身邊的另一半不小心忘記，就把他的卡刷到爆，絕對讓對方吃不完兜著走。

哪些節日最適合當成血拼名正言順的理由，而且可以輕易說服自己，還不會讓旁人說笑話呢？以下整理出來幾個方向，讓你可以按圖索驥享受血拼的樂趣。

領錢發薪

人嘛！只要有錢就會作怪，再加上越來越多的月光族（月初領完薪水馬上就花光光的上班族），好不容易捱了一整個月，還了部分的信用卡費，終於可以一解忍耐多時的購物

慾，反正錢再賺就有了，不需要斤斤計較。於是乎，每月初的發薪日，自然就成爲理所當然的消費日，把上個月十五日看中的鍊子，二十日看中的保養品，二十五日相中的衣服及月底不小心看到的餐廳簡介，選在發薪日當天，把它一一補回來，以解心中的鬱悶。

其實有這樣念頭的人眞的不少，因爲手頭寬裕多寡與購物行爲本來就是成正比，而且領的錢越多，自然在購物上的預算也會相對提高。以上班族來說，每個月領固定的薪水，扣除日常支出與儲蓄或保險，剩下來的當然就是的血拼基金。至於想購買大額或高級物品的苦瓜上班族，恐怕也只能指望年終獎金或紅利獎金了。

結婚生子

人生中最大的盛事，莫過於五子登科，五子指的是「銀子、車子、房子、妻子與兒子」。既然是盛事，所花費的錢自是相當可觀，終其一生，你會發現，五子中的銀子其實就是花在其他四子上面的。以下我們就一項項來找出爲它們血拼的正當性。

車子

平心而論，買一台車子其實輕而易舉，因爲一輛全新的轎車少則三、四十萬元，多則上百萬元，選擇分期付款的

話，每個月要支付的錢並不多。但是你知道嗎？買完車後，接下來的養車才是最恐怖的，保養費、油費、維修費、罰單費、停車費……絕對是買車前始料未及的，而這也是迫使你不得不繼續破財的主因。

房子

　　既然都已經花幾百萬在買房子上了，裝璜費當然更不能省。看看別人的家裡，東洋風、西洋風、波西米亞風，別出心裁的把家裡設計得與眾不同，如果你打死不願意用組合式的廉價家具降低自己的生活品味，那上街採購自然就成了必要之行為了。

妻子

　　要娶得美嬌娘，當然要花些心思在不同的情境上，尤其到論及婚嫁時，所要花費的錢更令人來不及算清楚，拍婚紗照、喜餅、酒筵、戒指、珠寶等，不管是遵循古禮的迎娶或是西洋教堂式的婚禮，都要花上幾十萬元不等的金錢。不過，根據可靠的說法，結一次婚賺的錢是會比花的錢來得多，所以放膽的努力敗家吧！反正這些錢總會從你的親朋好友口袋中再掏回來的。

生子

　　國家未來的主人當然不能虧待，加上現代父母孩子生的少，每個小孩自是父母眼中的寶貝，既然是寶貝，吃的、用的、穿的當然都不能太寒酸。商家就是看準了這一點，才會拼命的開發新產品。你看，小小一塊布料做的衣服褲子鞋子，賣的價錢可是沒天良的貴，但是為了小孩，你還是得忍痛的買下去。

一般節慶

　　你知道一年中，從年初到年尾有多少個日子需要慶祝嗎？讓我一口氣告訴你：元旦、春節尾牙、元宵節、西洋情人節、二二八紀念日、婦幼節、白色情人節、愚人節、清明節、母親節、端午節、畢業典禮、七夕情人節、父親節、中秋節、重陽節、教師節、國慶日、光復節、萬聖節、耶誕節，再加上每個人的生日等，不管東洋、西洋節日，只要時間一到，自然讓消費血拼變得理所當然，因為所謂節慶，大概就是政府放給老百姓去逛街消費的假日吧！

　　百貨公司商家也總會把這些節日包裝得格外隆重，即使只是短短一天的節日，也會在一個月前就開始宣傳造勢，甚至推出各種令人心動的產品與特價組合包吸引你的注意，讓你不花點銀子貢獻一番的話，自己都會覺得不好意思。

　　而每年最盛大的節慶莫過於年中的母親節與年終的聖誕節。因為當母親的人自己也有母親，所以一脫拉庫的牽拖，血拼起來更為名正言順，以前常聽人說：「女人的衣櫃永遠少一件衣服。」現在則要改口說：「女人的家裡永遠少一個衣櫃。」就是因為女人與小孩的錢最好賺，所以百貨公司裡女人的樓層永遠是男人的四、五倍。至於聖誕節呢？原本只是單純的宗教節日，但是因為近幾年媒體的拼命鼓吹，這一天似乎變成血拼最重要的日子了。至於賦予什麼樣的宗教意義，如道教、佛教、真理教或基督教、天主教等，在血拼族眼中似乎就微不足道了。

特殊紀念

　　除了節慶之外，私人的特別紀念日也是血拼時不可或缺的理由。不過由於許多敗家子與敗金女常常是醉翁之意不在酒，因為忍不住衝動購物的行為，所以只好推卸給某些日子來堵別人的口。除了正當的生日、升官、結婚紀念日……等之外，連第一次接吻紀念日、割盲腸滿一週年的紀念日……等，只要是舉得出名目的，都可以當成血拼的好Timing。至於花錢的多寡，根本不在於紀念日對於自己有何意義，而是視今天心情好不好來決定的。

08 人生苦短，及時行樂最重要

人生無常，讓自己快樂過生活，把握現在的每分每秒，
活的快樂最重要。因此「及時行樂」就是血拼守則中不
可或缺的重要因素之一。

在求學時代，老師們很喜歡問學生這一個假設性的問
題：「如果你剩下XX時間可以活，你最想要做的事是什麼？」
人生苦短無常，人永遠無法預知下一秒鐘會發生什麼事，也
沒有人能知道明天是否還能活在這世上，唯有好好把握現在
才不枉費來這人間走一遭。在血拼的戰場上也要時時保持在
備戰的狀態，才不會錯過任何一場的「血拼」。讓自己活的開
心快樂是一件很重要的事，因此「及時行樂」是血拼守則中
不可或缺的重要因素之一。

新奇事物，絕不錯過

雖然現代社會科技進布，只要坐在家裡，就能夠透過電
視、廣播、電腦網路等不同傳播媒體的報導，了解世界時事
與社會動態，但是有許多新奇的事物，雖然能夠透過這些傳
媒而有所了解，卻如紙上談兵無法深刻的體會。所謂說百聞
不如一見，出外去看看這個新奇的世界，收穫與體驗絕對與
傳播畫面帶來的印象完全不同，遊走各個血拼戰場就有這麼

一個好處，可以親眼看見、親身體會新鮮新奇的事物，尤其是廣收各類商品的大賣場、與世界潮流並進的百貨公司，或是百貨聚集的商店街都是很不錯的地點，只要你用心的去尋找，放慢腳步細細去瀏覽，你會發現很多商品創意的巧思，這會為生活帶來更多不同的情趣，增添更多生活的想像力。這種發現新奇的快樂，就像是從「天上掉下來的禮物」（是真的禮物哦，與某立委的緋聞不同唷）那種驚喜與欣喜，是血拼之外另一項附加的無價之寶。

犒賞自己，活出快樂

很多人在工作及事業上盡心盡力，鞠躬盡瘁只差一點沒有死而後已，到底是為誰辛苦為誰忙？很多人到頭來還真的是不明白為的是什麼。

其實這個世界是廣大開闊的，不是只有生活中那麼小小的空間，也不是只有爲特定的幾個人而活。眞正的人生就是要活出屬於自己的色彩，所以有些時候不要對自己太吝嗇，對自己要好一點。三不五時找個理冠冕堂皇的理由血拼一下犒賞自己，讓自己的生活多一點溫馨的情趣，也可以藉機放鬆緊張的生活步調。不管你是否是單身一個人或是有家眷，其實不需要等待別人給你驚喜感動，你可以爲自己創造，甚至還可以爲別人創造，因爲快樂的泉源是掌握在自己的手裡，不是等待別人送來給你。前一陣子流行歌手孫燕姿有首歌最後是這麼唱的：「開始懂了，快樂是選擇」，人生本來就是苦短的，人生本來就是無常的，活的快樂最重要，活出自己人生也才有意義，不用空等待，不用盲目隨從，讓自己快樂過生活，把握現在的每分每秒。

把握機會，有樂同享

通常業者爲了要吸引人潮促進買氣，都會用許多不同名目的折扣及優惠特價來吸引顧客購買，所以常可以看到週年慶、特賣會、或跳樓大拍賣這樣的廣告招式。

當有這麼好的機會出現時，充滿血拼衝勁的你當然不能錯過囉！買來送給自己討自己的歡心，或是買來送給家人讓家人高興。有男女朋友的買來送給自己親愛的，以表示無時

無刻都會想到對方，表現出自己體貼浪漫的那一面，或是買來送給親朋好友一起有福同享，敦親睦鄰還可拓展良好的人際關係。獨樂樂不如眾樂樂，看著別人因為自己的貼心禮物而開心，相信你的生活一定是充滿著歡笑與感動。

量入為出，盡其在我

及時行樂並不是教你盲目的追求快樂，而是懂得如何規畫自己的生活，血拼就是個很好的方法之一。當然囉，血拼如果拼到傾家蕩產落魄街頭，那就失去了血拼的終極意義了，血拼是為了讓自己快樂，不是要製造煩惱，但是卻有很多人沒有了解這一點，以為血拼就是狂買就對了。

事實上，血拼算是一種理財規畫，它在訓練著你的管理能力，不管你的經濟能力是在哪一個階段，只要能夠平衡收入支出，凡事量入為出，就算是窮人家也能夠血拼的很快樂。血拼是讓你成為金錢的主人，不是成為金錢的奴隸，放眼看去，有多少人是迷失在金錢的誘惑裡而迷失自我，更嚴重的還有為了金錢而觸犯法網，若為了貪戀金錢所帶來的物質享受而迷失了本性，實在是一件很不值得的事。

懂得讓自己快樂的人，能夠從血拼中找到自己想要的快樂，不論是精神上或物質上的，當然這類的人是懂得如何運

用金錢，當自己的主人一切皆能盡其在我，懂得把握住現在，懂得在苦短的人生中及時行樂，更懂得讓自己成為血拼戰場上的武林盟主。

這樣的境界很難達到嗎？當然是不容易囉！

要有顆機動性高的血拼頭腦，絕對不是天生就能與生俱來的，這是要受過一場又一場的血拼實戰經驗才能得來，也許曾跌得滿頭包，不過只要不迷失自我與不迷失在金錢的誘惑裡，在哪裡跌倒就從哪裡爬起來，你會從血拼中得到無與倫比的快樂，也會得到不一樣的人生體驗。從沒想過血拼也是這麼有學問吧？記得哦，只要懂得量入為出盡其在我，你將會成為血拼女王或是血拼國王。

無罪箴言

懂得讓自己快樂的人，不論是精神上或物質上，都能夠從血拼中找到自己想要的快樂。

09 拍賣會當然不能放過

東西便宜的誘惑力任誰都擋不住,前進拍賣會,宛如去參加一場瘋狂購物嘉年華會一般,總是讓你流連其中,失去理智。

連續幾年的經濟不景氣,不見民生物價下跌,反見水費、電費、瓦斯費漲得離譜,以致於一些原本具有奢侈習慣的購物癖者,不得不改變原本的購物習慣,變得越來越精打細算。這些人平日往往不動聲色,只能在價錢down到谷底時,才會真正出招,一次購足。的確,東西便宜的誘惑力任誰都擋不住,尤其是遇上一元拍賣會時,更是有買家願意排個幾天幾夜時間,搶得一元的家電或資訊商品,瘋狂的行為舉動,比起偶像明星開演唱會就提前一個月排隊的超級fans來說,更是有過之而無不及。

到底有哪些時機,是你非得全家出動,搶便宜貨的大好先機呢?以下幾個情況,可要睜大眼睛努力瞧瞧。

跳樓大拍賣

有人要跳樓了,趕快來看熱鬧去!啥米?有人在喊跳樓,大家卻見死不救,還在人群中大肆喊加油,莫非這個世

界生病了？哈哈，這個世界一點病也沒有，病的是你這個笨蛋聽到這種消息，還不趕快快馬加鞭趁機去搶個便宜貨。由於常常有老闆要跑路，所以想拿貨品換現金，五折、三折當然不夠看，降到一折的東西比比皆是。

遇到這千載難逢的機會時，千萬別濫用同情心可憐老闆，既然他都活不久了，所以也不用對他太客氣，只要看到你喜歡的東西就勇往直前，不管如何殺它幾個零頭，省下來的小錢也可以買杯飲料犒賞自己努力血拼的辛苦呢！

喊出跳樓大拍賣時，最能吸引消費者目光的就是百貨、賣場的結束營業了，但是這中間還是有隱藏一些玄機的喔！首先，老闆喊著要跳樓，通常不會一次「跳、跳、跳、跳呼伊爽，跳、跳、跳、跳呼伊勇」。畢竟，這是老闆最後翻本的籌碼，所以當然會把握最後一筆賺錢的機會，打個跳樓的名義，行撈本之實。通常降價的幅度往往與時間有很大的關係，拍賣幾天的，通常一價到底，要是拖上幾個月的封館拍賣，價錢還有得ㄍㄧㄥ呢！不過，跳樓大拍賣的畢竟是賣場或百貨公司，貨品眾多不說，價錢比起其他同等級的商家而言，的確有誘人的魅力。再加上像這樣倒閉大拍賣一事，經過報章媒體大肆渲染，吸引成千上萬的人群宛如去參加一場瘋狂購物嘉年華會，總是讓你流連其中，

失去理智。

如前一陣子的台北仁愛遠東、永琦、來來百貨，還有全省的萬客隆大賣場……等，就是因為經營者面對不景氣的壓力，不得不交出經營權，舉辦告別秀。這些陪著四、五年級長大的老百貨公司、賣場的結束營業拍賣會，才短短幾個月的時間，就吸引了不少民眾前往血拼，並締造了億萬元佳績，真是讓人懷疑台灣的經濟不景氣到底是真的還是假的！

展覽特賣會

第二個因為東西超便宜並引起大家瘋狂大搶購的地方，就是展覽會場。不管是資訊展、家具展、旅遊、美食展，只要是公辦的主題展覽會，都會吸引眾多撿便宜的尋芳客遠道而來血拼廝殺一番，相信曾經參觀過年底資訊展的消費者，現在一定點頭如搗蒜的表示認同。小型的百貨公司因應季節所辦的行銷展覽，也會吸引大大小小的消費者前往搶購。

以一年一度的年底資訊月來說，那種摩肩擦踵，人擠人、人推人、人踩人的盛況，把整個台北信義計畫區的世貿展場擠得水洩不通。如果說「鳥為食亡」是至理名言的話，那麼在這裡，一場「人為財死」的血腥畫面，即將開打。因

爲在這裡，不但有最新的資訊商品，還有相當於市價五到八折的折扣戰。展覽期間，從早上開門到下午關門，一天之內小小的世貿擠進十幾萬人次。外面還是寒冷的十二月天，可是展場裡可是正殺得火熱，一點也看不出寒意，甚至人群堆中陣陣的體香、屁香，擠得大家直說吃不消，但還是奮不顧身地往前衝。

　　不過像這種展覽會由於時間都不長，所以要血拼之前，最好做一些事前的準備工作。否則趁興而出，悲愴的鎩羽而歸才眞是令人心痛扼腕。

蒐集資料

　　通常在展覽前，一些相關的媒體報章雜誌都會大篇幅報導，這中間隱隱約約會透露出在這場價格戰中，廠商開出的優惠條件，所以各位血拼公主、王子，可要好好注意。當然啦！你也可以在展覽會的第一天就殺到會場中，先去探詢廠商所開出的基本底價，並拿好所有的DM或宣傳商品，仔細的選擇各種值得投資的商品，然後在展覽結束的前一、兩天，風風光光的殺進去，一舉拔得頭籌。

重點突擊

　　在人群中，你會體驗到當年阿姆斯壯登陸月球所說的一句話：「我的一小步，是人類的一大步。」這一步踏的艱辛

或許每個人都領略過，而且比起阿姆斯壯，展場的每個人更是勇士，因為月球上只有嫦娥與吳剛兩個人，而世貿呢？至少有兩萬多人。因此事前的蒐集比價非常重要，等到展覽期間快結束時，再直接衝到所要買的商品攤位前，趁廠商參展最後一天精神耗損不繼之刻，做最後比價與贈品的攻防戰。

過季／換季商品

最後一個便宜貨集中的地方，就是過季商品區。所謂的過季商品當然就是只有季節性，通常都是一些流行服飾或是即將被新商品取代的一些家電類商品。這些商品一旦過了某一段時間，就會被集中在一個地方進行拍賣或是特價折扣。最有名的名品過季商品，就是台北中興百貨復興店，每隔一段時間，國內外知名的設計師的商品就會被廠商拿出來清倉拍賣，價錢甚至低到一至三折。不過因為多為庫存貨，所以有些衣服幾經時日的倉儲堆放，早已皺得不成形，所以在選購時千萬別因為外型的不雅觀就喪失了挑便宜貨的機會，只要買回家好好整理一番，也能抓住流行的尾巴，享受一下窮人裝富貴的浪漫。另外，尺寸不齊全的也是過季商品最令人痛徹心扉的事情了，好不容易「尬意」的衣服，不是剩下XS就是剩下XXXL的超大寸，所以還需特殊人種或是自我巧思改裝一下，才能省下這筆不小的支出。

10 血拼是為了助人為樂

要把「助人為快樂之本」的美德當成是削凱子的理由，
可是有三項必要條件的。

血拼的理由之一是為了讓別人更快樂？這會不會誇張
了？當然不會！前兩年某新聞主播就是因為一小時內狂刷日
本凱子兩百萬元新台幣，為國爭光，才會榮登各大媒體頭條
新聞兩星期（而後引發的相關話題則持續發燒到年底），並讓
世人見識到，原來「台灣敗金女」的威力果真是宇宙無敵，
所向披靡。

話說二〇〇二年八月某一天，某位旅日畫家的一位韓裔
日本年輕企業總裁男性朋友（以下通稱凱子），因為自稱命運
安排可在台灣覓一姻緣美眷，而透過某位女主播約了另一女
同事薛主播一起碰面聊天。聊著聊著，日本凱子與薛主播兩
人就莫名其妙地天雷勾動地火，碰撞出愛的火花，於是兩人
相約九月某天再次到台灣喝茶續攤。

第二次見面喝了一會兒茶之後，或許錢太多手太癢，或
許為了炫耀自己家財萬貫，又或許為了擄獲伊人芳心，日本

凱子馬上送了一條珍珠項鍊給薛主播做為見面禮。

接著兩人來到精品店，日本凱子為薛主播刷卡買了價值百萬元的鑽錶，然後到第二家精品店，又買了等值約六十萬元的名牌服飾，最後又給了薛主播十萬元日幣購買機票請她到日本一遊。也就是說，才短短一小時，日本凱子就為了薛主播花了約兩百萬元新台幣。所謂醉翁之意不在酒，日本凱子花那麼多錢目的是什麼，不用想你我都心裡有數。只是我們薛主播不識抬舉，連小手都不給他牽，才會爆出這段驚人內幕，並創下台灣電視史上連播一個月的紀錄，由真人真事演出這齣轟動台港星馬中日韓，連「大和拜金女」松?茱茱子都甘拜下風的「主播削凱子」的八卦新聞連續劇。

事情爆發後，台日同胞舉國譁然。韓裔日本凱子後悔「愛上女主

播」；台灣民眾則認為主播削凱子有理，給日本買春客教訓，為國伸張正義其實情有可原。更何況日本鬼子南京大屠殺我三十萬同胞，削他個兩百萬元也是小意思，而且凱子本來錢就多又愛現，薛主播可是削得理直氣又壯。俗話說得好，天下凱子這麼多，你不削他，他去別國被人削，肥水落入外人田，可是會遭天譴。更何況青年守則最後一條——助人為快樂之本，讀書讀得好心地又善良的台灣拜金女當然得路見不平，當仁不讓。

助人為快樂之本的必要條件

　　不過要把「助人為快樂之本」的美德當成是削凱子的理由，可是有三項必要條件的：首先你要長得還算年輕美麗；其次是你的職業要能吸引凱子的注意，如影劇名人、小明星或知名人士，當然不能是良家婦女，這樣才能將這條快樂守則發揮到淋漓盡致；最後就是佈下天羅地網，等待凱子上鉤了。但是去哪裡找凱子呢？他總不會沒事在路上閒晃吧！你這麼笨，難怪釣不到凱子！當然是聲色或不良場所囉！每天打扮得花枝招展到酒吧、PUB、高爾夫球場或俱樂部守株待兔，運氣好總會讓你堵到幾個。

　　釣到凱子後，再來就得靠你自己的本事了，千萬謹記：小不忍則亂大謀。如果你擺明了就是要削凱子，只會「呷快

弄破碗」。要知道被女人削，是百分之九十九的男性必經歷過的人生經驗，因為在男性的觀念裡，賺錢的目的就是花錢，至於花多少錢其實是沒有關係的，但是－－錢一定要花在刀口上（雖然有些特殊女性會讓男性心甘情願地掏錢出來）。套句某位女主持人說過的話：「誰沒削過凱子？只是高不高明罷了！」所以只要你欲拒還迎，通常凱子是很容易上鉤的。

釣到凱子後的各種絕招

　　一般而言，精品店是削凱子必光顧之處，特別是中山北路的精品店，可是凱子最愛炫耀身價的地方。拜金女只要釣上凱子後，通常會把他帶到此處來血拼一番，等你刷個上百萬元的東西後，可在一小時內就直接脫手轉換現金。萬一你還有點良心，可以「隔天取件」的理由與店家達成默契，第二天以九折商品價換回現金，互蒙其利。聽說最近因為經濟不景氣，東區便出現了許多這種名牌二手店，而貨源就是來自於這些拜金女。由於這些二手商品通常還算新，折損率不大，所以利潤空間相當優厚。

　　當然你若喜歡這些東西，也可以不需馬上變現，先將這些「戰利品」拿去親戚朋友同事間炫耀炫耀，滿足你的虛榮心與成就感之後，再挑些自己喜歡的單品留下，把其他可以變賣的連同保證書出手換現，不但有現金可二度揮霍，也可

將自己不喜歡或價值較低的送給親朋好友，可說是獨樂樂而且眾樂樂。

　　若你運氣好到像薛主播那樣有「仲介」幫忙，這百中選一的富商更是求之不得，逮到機會後，可千萬別輕易放過。如果你一不小心對他付出真情怎麼辦？那也是美事一椿。最重要的是，你發了！人財兩得，所以可別浪費了這「天上掉下來的禮物」。記住！萬一這個凱子不符合你的擇偶標準，放在家裡都嫌浪費空間，也要狠狠敲他一筆，因為你已經付出了你的青春（別忘了時間就是金錢）！即使你削不到什麼值錢的美錶鑽戒，起碼也要鬧個新聞上上電視炒炒知名度，否則失節事小，人財兩空事大，若半點好處都沒撈到，你只能仰天長嘯，自恨自己學藝不精囉！

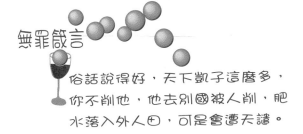

無罪箴言

俗話說得好，天下凱子這麼多，你不削他，他去別國被人削，肥水落入外人田，可是會遭天譴。

11 讓專櫃小姐崇拜我

> 專櫃小姐美麗又大方的打扮會讓你覺得戰區的導遊是非
> 常專業的，親切可愛的笑容會讓你感到安全放心，不知
> 不覺中放鬆了身心的緊張。

　　幾年前有首台語流行歌是這麼唱的：「今天的風真透，頭家的臉臭臭……」，不論是為了養家活口，或是為了事業理想打拼，每個人在工作或生活上都有許多說不出口的鬱悶。

　　紓解鬱悶的方法有很多種，有人喜歡去KTV大聲歌唱，唱出滿腹的血淚辛酸；有人喜歡外出旅遊踏青，把所有的不愉快拋向大地，好好的享受大自然；也有人喜歡找朋友聊天訴苦，在這滾滾紅塵中有個人能了解心裡的苦悶是一件欣慰的事。還有一種不錯的選擇，也能夠達到紓解苦悶，並且享有被尊重的成就感，那就是「血拼」。

　　血拼怎會讓人紓解心裡的苦悶，並產生被尊重的成就感呢？常去血拼的朋友一定能夠感覺到那種自信與快樂，簡單的說可以分為下文列出的二個部分。這是業者在商業戰場上最厲害的絕招，能夠為他們帶來無限的商業利潤，對於血拼的你我來說，卻是似乎能夠為你我無法十全十美的生活裡，

帶來了光明希望與在明日更努力奮鬥的理由。自我的成功與肯定，最容易從別人羨慕不已的眼神中得到滿足，因為人是一種非常需要別人肯定的一種動物。

　　血拼戰場中，專櫃的小姐最明白這種人性的特點，她不但能激起你血液中的血拼因子，更能夠讓你在血拼的過程中，得到總統級的最高待遇，讓你錢掏的更多買的更多，最重要的是，讓你的這趟血拼之行，更加地對自己有自信，明白了人生的意義是什麼。自信的人最美麗，這句話一點都沒錯，不信的話你可以血拼試一試。

以客為尊，顧客永遠是對的

　　別以為只有搭乘巴士才會有這樣的待遇，只要是在血拼的戰場中，業者都將這條守則當做為最高戰術，不論是哪個年齡層、性別、職業，只要是來血拼的顧客，他們一定都會讓你感到賓至如歸，彷彿這個血拼戰場是專為你開設的，而專櫃小姐就是你專屬的血拼導遊。當然囉，這群導遊在來戰區之前，都要經過嚴密的專業訓練，其中的一項就是要學會如何透析顧客的心理，才能攻破顧客心防，讓顧客義無反顧的用力血拼。

　　從第一印象開始，專櫃小姐美麗又大方的打扮會讓你覺得戰區的導遊是非常專業的，親切可愛的笑容會讓你感到安全放心，不知不覺中放鬆了身心的緊張。專櫃小姐對你總是輕聲細語的，並且會針對你的需求，為你搭配出專屬於你的個性化商品，這與上班時老闆的臉色來比，真是有如天堂與地獄之別。更令你感動的是，專櫃小姐總會細心的為你著想，會幫你想到你從未想到的部分，一切都以你為主，你是這個血拼戰區中的貴客。

　　縱然你對商品不滿意的嘮叨、甚至於發脾氣時，她們還是把笑臉掛在臉上，依然親切的為你服務，這點會使原本不愉快的你將心裡的情緒平靜下來，甚至會對自己的抱怨行為感到不好意思。

　　專櫃小姐除了給你血拼專業的指導外，她們偶爾也會跟你聊聊天，了解你的背景，以便更深入的了解你對商品的需求度到哪一個階段，有許多人也因為這樣而與專櫃小姐成了不錯的好朋友。這有一個很大的好處，如果你能與專櫃小姐成為作戰夥伴，那對於你在戰區的血拼之路，將會有更大更多的情報，知彼知己百戰百勝。

及時行樂篇

買的越多地位越高

　　在專櫃戰區裡，雖說每一位都是至高無上的貴賓，但是買的越多地位越高是無法改變的戰區生存法則，血拼戰區裡比的就是血拼實力。專櫃小姐為你做了最專業的解說之後，你的思考行動力一定要快，血拼是要快狠準的。

　　從哪裡可以看出這點的不同呢？通常專櫃商品為了感謝顧客的愛戴，購買到達一定的金額都會有超值的精品禮贈送，所以囉，買的金額越高，送的禮也越多越高貴。為了讓顧客有更高的購買意願，等級越高的精品禮會越精緻新奇，讓人看了就愛不釋手。這些高貴的贈禮通常還會印製上其商品的專屬標誌，並且都是能隨身攜帶的小物品，將這些精品禮帶出門代表了你在血拼王國的身分地位。這麼動人的商品怎不教人心動不如馬上行動，快點將它帶回家呢！

　　除此之外，當血拼時，專櫃小姐與別人投來的崇拜與羨慕眼神，會是令你最感到驕傲，也是推動你努力血拼的原動力之一。在血拼戰場裡的戰績或許只是其次，重要的是在這裡你得到了敬重，得到了被待以上賓的尊榮感受，在這裡可以拋開生活中的不如意，因為你是血拼王國裡的主角。

　　其實人都需要被尊重與肯定的，也需要被鼓勵的，這也

可以稱爲是虛榮心的一種吧！在血拼時，專櫃小姐總能夠給你這樣的肯定，你也會從這肯定中得到快樂與滿足。總而言之，可以血拼又能得到別人的讚美肯定，你怎會錯失這麼好的機會呢？拼拼拼，拼下去就對囉！愛拼才會贏。

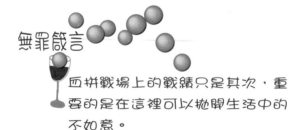

無罪箴言

血拼戰場上的戰績只是其次，重要的是在這裡可以拋開生活中的不如意。

12 血拼帶來好心情

人與人相處難免有摩擦，受傷時怎麼辦？難不成要拿刀
砍人？或是大吵大鬧一番？當然都不是！告訴你，最好
的排遣方法就是血拼！

　　心情不好的時候你會做什麼？告訴你，我會二話不說，
跑去血拼，即使是半夜，我也可以去血拼。問我去哪裡？當
然是去全家、萊爾富、7-11便利商店啊！不管吃喝玩樂應有
盡有。如果你錢不夠，裡面還有提款機，不怕半夜有歹徒。

單身貴族最大的快樂

　　單身貴族最大的快樂就是用血拼來犒賞自己。有人愛好
蒐集各國的巧克力，巧克力惠而不費，不僅可以帶來好心
情，也可以讓人處在甜甜的蜜意裡。當然也有人蒐集國內外
的可口可樂瓶子，你一定想不到吧！血拼竟然可以和蒐集劃
上等號。現在的商品講究多功能的用途，血拼也是，血拼不
是敗家而已，更能為你帶來豐富的珍藏，保有自己的心血。

　　其實單身貴族最大的優點就是沒有家累，隨時找到假期
就可以環遊世界，什麼美、伊，非洲的喀麥隆、南太平洋群
島的薩摩亞都可以去，只要一到機場就可以狠狠的血拼了，
更不要說到了當地。因為世界各地都擁有許多不一樣的東

西，並不是像我們的工業社會充滿了各種電子、機械產品，不同國家有各種不同文化的產物，雖然不見得昂貴，但是「陌生化」的感受就像電影《我的希臘婚禮》一樣，充滿了有趣的衝擊，使人快樂。不只是使個人心情好而已，也可以周圍的人獲得快樂。

如果你的老爸愛藏酒，出國時別忘了幫老爸帶上他的最愛；如果老媽愛好郵票與藝術品，也不要忘了送給老媽禮物，讓她把家裡裝飾得像藝術館，而其他的朋友當然就是各地風土民情小東西的受益者了。若有機會到各地旅遊，不但會讓你有生存在地球的感覺，而周圍的親戚朋友也會因為你的血拼饋贈而快樂不已，人生實在美好就像地球村一樣無國界。

情侶最好的體貼

情侶絕不會只是超脫於世俗，只想要柏拉圖式的精神戀愛。「一份禮物一世情」，禮物代表你的心意，禮物代表你對她瞭解多少，好的禮物讓她感動不已，多的禮物也可以使她感受到你的誠意、增進感情。男女雙方都一樣，平常就要勤於逛街、勤於掌握資訊，不然需要血拼的時候又不知要如何下手。

　　情侶除了交會的眼神、「月亮代表我的心」之外，眞正對雙方有用的是她喜歡的東西，不管是音樂CD、書籍、衣服飾品、鞋子都是，而男生的話，只要幫他決定一部車、一套音響，讓他去貸款，就會讓他樂翻天。不管如何，情侶之間的巧克力、鮮花是血拼裡頭的必備品，這會讓雙方的感情濃得化不開。

　　戀人的世界平日除了溫情愛語之外，經常久了就失去新鮮感而無趣，偏偏兩人又要相處一輩子，生活的情趣總是要用心設計經營。如果你是那種要求很高的人，就應該享受日本料理、法國餐廳、鼎泰豐的美食，吃飽喝足的時候走路逛街來血拼，不僅可以達到消耗熱量的效果，還可以四處挖掘到自己喜歡的寶貝。下午到優雅的COFFEE　SHOP去喝個下午茶，買個紀念品。晚上看看夜景，或是在夜市裡體驗新鮮的人氣，購買一些從來不重要，卻能夠裝飾居家的小飾物。即使是一個手拉胚的杯子，也足以讓人留戀許久了。人類共通的情感不是「睹物思情」嗎？戀人除了愛語之外，血拼的禮物是最實惠又有用的情感。

受傷最好的良藥

　　人與人相處難免有摩擦，一定會受傷，受傷時怎麼辦？難不成要拿刀砍人？還是要大吵大鬧一番？還是變成自閉兒童？當然都不是！告訴你，最好的方法就是血拼。

　　男人到商店裡可以看到那麼多美麗小姐親切的問候，又有好多的商品，雖然自己可能不懂如何使用，或者對商品一無所知，但是看見美麗的小姐認真的解說，一時的沈悶痛苦就會消除。如果這位小姐單身又正點，在你經常血拼的同時，說不定就不小心血拼上了她，成了知己，甚至是未來的夫人，不是「得了夫人又血拼」嗎？快樂的事情就可以讓你說都說不完。

　　女人月月來的憂鬱，隨時又傷春悲秋的，雖然不是林黛玉，卻也好不到哪去，加上家教甚嚴或是伴侶不體貼，久了就患上憂鬱、自閉之症，無論如何，總該想想法子才好。

　　其實，只要記得女人愛美的天性就好了，憂鬱、自閉會讓自己失去光彩的容顏，而愛美是一種美德，是一種藝術，不僅可以讓自己與伴侶賞心悅目，更可以美化市容、美化國家。如果妳夠美，連第一夫人阿珍也要來向妳討教、天天上電視。到時候妳還會痛苦嗎？會天天開心，快樂得不得了。但是，妳知道要如何美麗嗎？裝可愛是不夠的，因為，美麗是需要專業的，專業的化妝品、裝扮就在專櫃裡，到專櫃去血拼不僅可以使妳美麗，又可以讓妳天天保有好心情，甚至讓每個男人都想一親芳澤，讓每個女人想得知妳美麗的秘訣。這時

候，天生麗質的妳若能加上後天的打扮那眞是如虎添翼，一轉身、一回眸都是風情萬種，美麗萬分。

　　西方哲學家探索人存在的意義，他們認爲當下體驗存在，就是人生存的價值。而人的當下存在是什麼？應當就是要快樂，就是要天天保有好的心情啊！哈哈，說的再多都沒有用，因爲，血拼能眞正保有你我的好心情，才能讓你我體驗存在的價值。

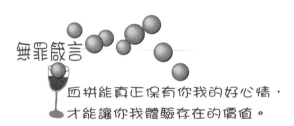

無罪箴言

血拼能眞正保有你我的好心情，
才能讓你我體驗存在的價值。

修身治國篇

唯有在滿足自己的購物慾望後，
才能更堅定自己賺錢的決心，
有了這份決心，
天底下再大的難事、再辛苦的差事，
在你眼中也變得不再重要了！

13 抗壓最新療法

> 不管你面對的是事業、學業或是家庭婚姻等種種生活壓
> 力，不必哀聲嘆氣，更不用藉酒消愁，通通可以可以藉
> 由大肆血拼，發洩心中不滿。

　　雖然享有被後人鬥到臭的盛名，但是不可否認的，一代
梟雄曹操曾說過一句名言：「對酒當歌，人生幾何？譬如朝
露，去日苦多。慨當以慷，憂思難忘。何以解憂，唯有杜
康。」古人心中壓力太大，每每藉酒澆愁，最後經常只能
「醉倒沙場」；但是，生在今日的先生太太小姐們可比那叱吒
一世的英雄文人幸運得多，因為，不管你面對事業、學業、
家庭婚姻等種種生活壓力之時，不必藉酒澆愁，可以大肆血
拼，發洩心中不滿。

　　　　　　　　人生那麼苦，一樣是認真在事業上、
生活上，為什麼有人在職場上、情場上都
吃得開，而你我就充滿了各種壓力與挑
戰？你看，從前的國民黨，黨、政、國營事
業都不分，永遠能讓你在職場上快樂；今天的綠營也一樣，
黨職下台就當上各大企業的董事長，多美好啊！但是你我無
後台，做做夢也就罷了。

紓壓好方法

　　為什麼每當假期來臨時，大家一窩蜂的跑去血拼，因為血拼能讓你暫時拋開現實的不愉快，對於你所面對的困境可以用自己喜愛的商品去取代。你看，名人鄭淑敏當時不是被新聞吵得很兇，說是去北京當密使，結果她面對這種壓力？她說她去香港血拼，我想，她應該真的是去瘋狂購物吧！

　　如果你懂得利用血拼來紓解壓力，那麼身為地球人的你應該知道，中東的杜拜有最便宜的免稅商品，並且可體驗伊斯蘭文化；不用說啦，不僅距離台灣最近，也是購物天堂的香港更是不能少的行程；而日本，更是以精緻的文化享譽全世界，對於鄰近的台灣而言，隨時能到日本享受精緻以及流行的時尚，真是有福。

　　不管如何，只要到了不同的地方，並且血拼到自己喜歡的商品，也就能移情到自己心愛的東西上頭。所以，你可以看到，新聞上不是經常報導，患有躁鬱症的病人，每月刷卡要刷到上百萬，讓全家陷入「信用卡風暴」之中，這也就證明，刷卡血拼是真的能夠有效的紓解壓力，用來發洩心中的不滿。但是，懂得節制的你，想必不會刷到讓自己的經濟陷入愁雲慘霧之中，不要讓原本要紓解壓力變成製造更多的壓力，這就沒有達到效果了。

　　各個年齡層都有不同的壓力：學子從小學到大學研究所，不知背負多少沈重書包、道德學問，無止盡的考試、paper的壓力，做為學生的你，能夠逃得了嗎？當我是學生的時候，每次都只能在愚人節的時候好好作弄老師一下，不然就是幻想著讓老師坐在台下，而我出盡難題讓老師考個八個鐘頭，全身虛脫，可惜，哈哈，這只是幻想。當我壓馬路壓到大街的時候，壓力就突然消失了，因為看到好多新鮮的玩意，我就忍不住拿起荷包，不管是吃大餐，或阮囊羞澀，只能吃小吃，或只是盡情購買廉價文具飾物、衣服鞋子，都能讓我心滿意足，比吃「威而剛」、「威而柔」還有效呢！

　　年紀一到，上了職場，不管別人有多大的抱負，我的理想都很簡單，就只有一個：「向錢看齊」。只要老闆要我加班，我就加班，樂此不疲，因為有加班費好領，家人朋友要跟會我就跟會，好友報名牌我就買，從來不會和錢過不去，當然啦，難免三不五時會有一些姊妹們要聚聚，這時就是我展現我單身敗家的成就之時。

　　想想看，辛辛苦苦賺錢，不就是要能夠用錢來享受人生，紓解一下壓力嗎？每次看到時下的青年男女，不管在職場上、情場上都承受了好多的壓力，每次都有令人震驚的新聞發生，何必選擇「火燒屁股」、「煙燻人肉」、「跳樓大拍

賣」的方式呢？我呢，每次被主管「擺駕」的時候，不是請個假出國散心，順便可以血拼，回來心情就好得不得了，順便告訴你，不管是自己，還是你的伴侶，義大利的化妝品是台灣的六折，LV大約是台灣的八折，而像一些brige的key-chain大概是一折，max mara的衣服是三折左右，其他像是大衣雪衣以及一些精油品牌、鞋子等等，不僅是名牌好用好看，都比台灣便宜得太多了。每當我出國的時候總帶一個特大的行李箱以放置精品，另一個登機箱以放置易碎、易壞品，出國前都被笑得要死，回來後連八百年不見的朋友都會來找我，羨慕得要死。

血拼的30個理由
Shopping 敗家無罪

　　男人啊，承受的壓力可更大呢！要在事業上衝刺，不然怎能養家活口，而且不小心還來個婚外情，到大陸竟然遇到了「洛神」，於是來個包二奶；回到家中又夾在媽媽與媳婦之間，總是逃避，跑去喝酒，徹夜不歸。如果在事業上又遇到瓶頸，不是人事糾紛，就是業績壓力，不然就是產業結構改變，你道怎樣，有苦說不出啊！男人最愛面子，不管是你的他或是你的她，不要只是唱「詠歎調」，又不是詩人音樂家，只能自憐自愛，去血拼吧！發洩壓力與不滿。買部好車，內裝豪華點，隨時可以旅行。

　　逛逛光華商場、NOVA、燦坤、順發，看看台灣走在世界的尖端產品，好好的血拼一下，讓自己的家充滿時尚科技，也為台灣的科技產業驕傲一下。家裡選購一組優質的環繞音響設備當然少不了，當然，邊聽音樂的同時，邊泡湯更是紓解壓力的最好方式。除了經常開著愛車，帶著愛人到全台各地的溫泉名勝泡湯，夜晚享受一下兩人甜蜜的世界之外，你更應該在家中買一套雙人的浴缸以及檜木桶，邊聽音樂的同時，品嚐自己到處血拼珍藏的醇酒，並與心愛的人倘佯在愛河當中，這一切的壓力與不滿都可以在這裡灰飛湮滅。

　　所以你說，血拼是不是很好的調劑呢？

14 刷卡，是賺錢的原動力

> 俗話說：「天行健，君子以自強不息。」然而要如何達
> 到刷卡有理，血拼無罪的境界呢？自然是把重點擺在自
> 強不息上囉！

綜觀時下年輕男女，總是走在流行的最前線，每當哈日風、韓流風吹襲台灣，少爺小姐們手持信用卡，搶灘攻山頭的功力之高，前仆後繼，「刷」聲震天，即使是海軍陸戰隊的健兒們，也要聞風色變，退避三舍。

然而長一輩的父母親們，總是對此感到頭痛不已，認為這是一股歪風，不能諒解。換個角度想想，花錢愈多，消費力愈高，購買力愈強，為了滿足需求，當然生產力也要高才行，如此循環不息，國家經濟的復甦不就指日可待，少爺小姐們倒可說得上是為了國家努力「血拼」的一群。

俗話說：「天行健，君子以自強不息。」然而要如何達到刷卡有理，血拼無罪的境界呢？自然是把重點擺在自強不息上囉！自強不息當然是刷卡的最高境界，它是源源不息的將你推向更高境地的動力，至於怎樣才能自強不息，必須具有三項條件：

1.能賺能花，再賺不難的精神。

2.刷得越兇，賺得越多的雄才大略。

3.高度發揮堅定的意志，求生存的本能。

如此具有此三點特性的人，自然能夠刷到深處無怨尤，怎麼花都能夠心安理得。一來可滿足購物慾望，二來可以積極的在工作崗位上發揮潛力，三來可以花錢購物買快樂，可說是一舉三得。所以千萬不要認為花錢就是壞事，只要負擔得起，血拼倒還算是個不錯的休閒活動。唯有在猛刷的那一刹那及帳單繳費的時候，才能測試自己的極限在哪裡，進而挑戰不可能的任務（然而心臟不強的讀者，千萬別輕易嘗試）。

而且，人類的潛能是無限的，怎麼說呢？相信大家都聽過，人一旦遇到災難時，總會發揮出「超人」的潛力，例如：遇到火災時，平時軟弱無力的人竟然可以把幾百公斤重的櫃子抬到室外，實在令人難以置信。至於令人匪夷所思的，究竟是把幾百公斤重的櫃子抬到室外較驚奇呢？還是在這麼危急的時刻居然還有人要把幾百公斤重的東西抬出來較

嚇人？這都不重要，重要的是他做到了！然而這說明了一個事實，人的潛力或許可以經由緊急危難的狀況來加以開發。說了這麼長一串，到底與本文有何干係啊？所以接下來就是重點所在，可分為四種狀況分析：

錢多沒債一身輕

屬於這一類的人，恭喜你！因為基於常情，有錢總比沒錢好，經濟不景氣的當下，人人都可以感受到錢難賺的同時，對這些人來說只不過是賺得少而已，然而還是賺，所以這類人是屬於可以狂刷型，帳單對他們來說不過是舉手投足間的事罷了，然而基於潛力來看，他們卻是屬於潛力開發較弱的一群。

錢多債多兩相抵

屬於這一類的人，很懂得如何以錢滾錢，有極佳的商業頭腦，然而比對第一類之下，卻多了個債多，而且還兩相抵，那有什麼好呢？毋庸置疑，他們是屬於能力較優的一群，他們有能力賺錢，又有能力承擔風險，遇到突發狀況時，多半以自身的應變能力處理之。如果這一類的人賺錢的話，會賺到翻，至於賠錢的話會賠到死，屬於大起大落型，不過他們的應變機制非常好，即使賠了，以他們的才能，總是可以翻身的。所以這類人還是屬於狂刷型的，因為他們總是有足夠的錢處理帳單之事，基於潛力開發來說，他們比第

一類佳，但依舊屬於較弱的一群。

沒錢沒債沒事做

這一類的人看似與第二類的人相似，然而卻大大不同，因為這一類的人屬於平庸之人，有錢花錢，沒錢他們依舊可以生活下去，他們是勞碌的一群。這一類人屬於不刷型，因為他們不想有多的債務煩身，花到剛剛好是他們的底限，這種人的人生幾近於無聲無息，沒有遠大的抱負、也沒有太多

的野心與慾望的追求，基於潛力開發來說，他們比前二類人都要弱，是最弱的一群。

沒錢債多長跑型

　　這一類人屬於奇葩類，他們沒錢，但膽量卻是不小，他們不求人，擅於花錢，不要因為沒錢就看不起他們，他們由於常受債務擠迫，導致他們有過人的抗壓力，即使如此他們還是可以活得好好的。由此看來他們確是非凡的一群，他們屬於暴刷型，不顧後果，刷了再說。基於潛力開發來說，他們是實力雄厚的一群，他們常遇到危機，然而遇到危機時，就會湧出一股強烈的求生意志，常常超乎一般人的想像，若能好好努力打拼的話，前途當是無可限量，但是他們是依債而生的人，有了債務他們才有極佳的表現能力，債務與他們是屬於相輔相成，缺一不可。

　　看一看上文分析，你是屬於哪一類型啊？其實刷卡並非壞事，在上述的四類分析中，相信可以看出，狂猛花錢過後，才可以激起人的潛能，只是刷卡者必須斟酌衡量自己的財務狀況，才能瀟灑、闊氣的悠遊在刷卡一族的天地，而凡事持平的人，總是安於現狀，難有突破；相信唯有在滿足自己的購物慾望後，才能更堅定自己賺錢的決心，此時購物的慾望成為生活工作的動力，它讓你樂在工作、樂在血拼。有了這份決心，天底下再大的難事、再辛苦的差事，在你眼中也變得不再重要了！所以少爺小姐們，在審慎的評估自己的財力狀況後，或許你可以替自己刷出一條康莊大道吧！

15 優雅的居家生活，都是血拼的功勞

> 青年男女的奮鬥目標就是為了擁有愉快的居家生活環境，而血拼的第十五個理由就是幫你實現這個夢想。

"There's no place like home." 除了上班、上學之外，大部分人的生活重心就是家，不管你是單身貴族或扶老攜幼，脫離工作與學業繁忙的最好歸屬就是家。已經是一家之主就不必說啦，青年男女的奮鬥目標其實就是為了要擁有愉快的居家生活環境，而血拼的第十五個理由就是幫你實現這個夢想。

買個好房子

如果你住在都市裡的「鴿子籠」，每天過著暗無天日的生活，以及左鄰右舍隨時傳來的吵鬧聲、小孩子的哭鬧聲或嬉戲聲，讓你心神搖盪、坐立難安的話，這時候你應該把這貧民窟馬上轉手，找一個人口不是那麼密集，最好是「雙拼」的房子；你說沒有錢是不是？誰說一定要花大錢，如果你不想花大錢，那就找棟屋齡較老的房子；但如果要享有最新的設計風格與最新的裝潢建材，那麼就向銀行借一借，其次是向家人湊一湊，不然就是標上一個或好幾個會，慢慢償還。

優雅的居家環境

　　人們總是停留在習慣當中，在同樣的習慣當中不會有什麼變化，如果生活永遠是在沉悶當中的話，就如同一盆死水，會髒掉、臭掉，而你只要經常的注入活水或是新鮮的加味水，那麼居家生活就會變化無窮，永遠賞心悅目。一個讓你愉快的居家生活環境是需要創造的，是需要你花心思去血拼，讓你享有幸福的居家生活。

鞋櫃

　　你是否記得，每天從家裡進進出出，門口擺放了什麼東西？是不是東一隻、西一隻，出門時永遠找不到、臭味熏天的鞋子，還是回想不起來？走一趟IKEA、特力屋、家樂福這一類的大賣場，為自己心愛的鞋添購一個美觀的鞋櫃；或是到專門的家具店，那裡會有專業的人士為你選擇或是介紹合適的鞋櫃。不過辛苦賺錢的你可千萬別為了選擇庸俗的便宜貨而失去了美觀以及自我的風格！因為一個適合的物品擺放在那兒，不僅達到實用的功能，而且不會像電腦軟體那樣說丟就丟，可是很划算的。或者有空時到百貨公司逛逛，或出國旅遊時選擇一個美觀的，最好是中亞或非洲或西藏滇緬等具有少數民族異國情調的手染布，用來裝飾鞋櫃，這樣一個實用性強的物體馬上就變成了一座可觀的藝術品。這小小的一步，可是讓居家環境變成美術館、皇宮的一大步喔！

玄關

家裡的玄關也很重要，不只是進出的通道，更有調節磁場、風水的功能，陰陽的變換交合就在這裡發揮作用。就像水庫的蓄水池，乾涸的時候能蓄水，飽滿的時候能疏瀉，因此，到花店買一個盆栽放在玄關（大小視空間而定），並放置一個水晶球或一個礦物寶石在水中旋轉，不但能通財而且能招來好運喔！或者在置物櫃上隨時更換新鮮的花，或者天花板上裝置投射的筒燈，都可以讓你不管在白天或黑夜，都能感受到無比的舒適，就像日本式的庭園造景一樣，在你的居家生活中實現。

客廳

客廳經常是家人與客人的聚會場所，沙發是不是太過老舊或色澤太過沈重？桌上是不是永遠杯盤狼藉？牆壁上是不是隨便亂掛個地攤畫或是月曆？電視機旁是不是也放滿了一堆雜物？地上更不必說了，不是小孩的一堆玩具就是大人的血拼戰利品，如此的環境如何能讓你愉快生活，又如何能讓你面對外頭的競爭壓力呢？讓我來告訴你，使你家變成地靈人傑寶地的秘招吧！

品味美麗人生

當你在享受逛街或出國旅行的同時，別忘了經常為自己和家人購買不同風格、色調的桌巾，過年就用大紅色圖案，

春天就用百花齊放的圖案，夏天要清涼的色澤，秋天換成舒爽味，冬天就用溫馨的暖色系桌巾。電視機的兩旁可放置大大的櫥櫃，一邊放置書刊，另一邊可放置藏酒、音樂CD、布偶娃娃、卡片等等。牆上當然要掛上書畫或藝術創作，如果經濟允許的話，可讓自己的對外窗變成落地窗，並圍著潔白的窗簾。沙發旁也可買個落地燈，鋪上高雅的地毯。

這樣的佈置，誰說是「敗家」？根本就是「血拼有理」。不僅可讓你這個主人生活舒適，更能讓親戚朋友同事羨慕不已。現在生活在大都會的女性朋友最喜愛十來坪的小套房，如此的設計最能讓你享有尊榮與浪漫，若能加上心愛的男主人相伴，所謂的「知識與愛情」就能在這小小的天地當中成就了！

廚房

如果能有一個夠大的廚房當然是愛好美食男女的共同夢想：血拼後可以整齊擺放一組一組美麗的杯盤，牆上掛上藤蔓，買一

個大大的雙門冰箱，門上附有果汁機以及電子控制，午後在bar檯旁與親密愛人喝著下午茶，晚餐就在長長的餐桌上品嚐美食。當然，你還是必須經常為你的餐桌更換不同情調的桌

巾，每次在餐桌上點亮不同的、充滿浪漫氣氛的香精蠟燭；在享受燭光晚餐的同時，你怎麼知道「你的他」心裡在想什麼？不是經常在洋片看到當女主人在做菜或是剛要入座的時候，「你的他」眼中就閃出「渴望」的眼神，於是就「一發不可收拾」，讓你享受到兩人的甜蜜浪漫。想想看，廚房不只是廚房，還是生活的重心，兩人愛的蹤跡處處可尋，血拼可以為你的居家生活加分，何樂而不為？

臥室

寢室內當然少不了要為自己買上一整排的衣櫥，放置那美麗的衣裳，梳妝台的旁邊買一個吸頂燈，製造浪漫氣氛，購買好的床頭音響以及CD就能隨時流洩出優美深邃的樂章，喝著你平日精挑細選的醇酒，不管是醉人的歌聲或悠揚的樂曲，都能讓你身心舒暢。入夜之後你的世界，不管是自己或是親密愛人，在血拼得來的單槍投影機下一同享受電影院等級的休憩，點燃香精油，兩人一起相擁而眠、甜甜入夢，這才是「美麗人生」。

繁忙的生活你可能無緣無故就會感到厭煩，但是在街上看到，或是在旅遊當中胡亂血拼的你，其實只要在你展開荷包或是刷卡的當下，注意看看這些居家生活的血拼戰利品，就能讓你創造出一個愉快的居家生活環境。

16 促進消費‧拯救國家經濟

> 試想小老百姓們要怎樣一起團結拼經濟呢？沒錯！我們
> 也能用血拼的精神，付之實際的血拼行動，跟著大家一
> 起為台灣拼經濟而努力。

「拼經濟」是最近社會上最熱門的話題之一，許多企業大老闆為了擴展事業表達出拼經濟的決心，小型商店至夜市小攤販也表現出要拼經濟的努力，就連總統在嫁女兒時都不忘要帶領全民提出拼經濟的口號。全台灣就這麼為了拼經濟動了起來，試想那我們這些小老百姓們要怎麼一起團結拼經濟，畢竟我們也有著一份共同努力的責任。想到了嗎？沒錯！我們也能用血拼的精神，付之實際的血拼行動，跟著大家一起為台灣拼經濟而努力。

對於小市民來說，拼經濟要怎麼拼？要到哪裡去拼？下列的幾個地方，相信讀者一定能夠明白，小市民對於拼經濟的努力與貢獻有多大了。

大賣場或量販店

只要你是大賣場或量販店的會員，相信每隔一段時間就會收到大賣場或量販店精美的購物「葵花寶典」，它是一本教導小市民如何在大賣場裡或量販店拼經濟的入門指南。不論

是何種性質的大賣場或量販店都有一個共通的特點——佔地坪數非常大，在賣場裡各式各樣商品可以說是一應俱全，商品更是分門別類整齊賞心悅目的排列著。值得一提的是賣場裡大多燈光美氣氛佳，對於血拼的心情絕對有加溫的作用，你可以在賣場裡悠閒的逛著，也適合全家大小一起出遊。所以說，大賣場或量販店每年總會舉辦無數次的特賣會，提供小市民一個拼經濟的絕佳地點。在這裡你一定會更有努力拼經濟血拼的決心，買、買、買，我還要買更多！

百貨公司

不同於大賣場的是，百貨公司除了讓小市民拼經濟外，還提供了一個不錯的約會場所。尤其是在百貨公司舉辦週年慶或特賣會時，每一層樓、地下室美食區都是人滿為患，大家都深怕錯過拼經濟的大好時機，就連停車場也是停車位一位難求。大家為何要這麼拼命呢？當然囉！平常對於百貨公司高價格怯步的小市民來說，這可以說是一個絕佳的機會，不但能夠買到享有折扣後的高級商品，更能夠獲得業者精心設計的精美贈品，若

是購買達到一定的金額還能享有摸彩的權利。台灣是個講求「一券在手，希望無窮」的地方，百貨公司有這樣的活動，小市民們當然更要踴躍參加。別忘了，拼經濟增進國家消費力可是每個公民義不容辭、責無旁貸的權利與義務。

超級市場與傳統市場

超級市場與傳統市場鎖定的對象大多是辛苦的媽媽們。生活中所需的柴米油鹽醬醋茶……等等，這裡是應有盡有，價格更是這個血拼戰區一決勝負的重要火力。尤其如果你看過年前的採購年貨盛況，你一定會覺得台灣的經濟力有大半是靠這些媽媽們拼來的，全家大小出動採購，有車子接送的也要分好幾趟才能將所有的戰利品搬回家。在這一個血拼戰場裡，愛拼才會贏！

便利商店

拼經濟的口號一喊出，連便利商店也不忘要陪著小市民一起拼經濟，隨著社會的進步與現代化，便利商店二十四小時營業的策略，果然是最有「拼」的精神。一波接著一波的「經濟」商品，讓小市民們隨時隨地都能小拼經濟一下。尤其是令人垂涎三尺的便當麵食，真是樣式眾多口味精美，業者更與各地的小吃美食師傅或烹飪大師合作推出一波波的新口味，讓小市民不用跑到當地的小吃區，就能吃到道地的美食。想要對國家的經濟有貢獻當然要先吃得飽吃得好，才有

體力精神努力打拼，便利商店提供的「經濟」商品，確實讓小市民鍛鍊出「拼經濟又顧體力」的好方法！

經濟特區

　　說到經濟特區，讀者一定不陌生，而你也一定在這一個血拼戰場裡拼過不知多少回合——那就是速食專賣店。這一區經由大家的同心協力，對於拼經濟這件全民大事來說，絕對有這功不可沒的貢獻。說實在的它的價格不見得比較便宜，但是業者強力放送的廣告中，都會特別說明它的「經濟價格」，到這個戰區來血拼消費絕對不會吃虧。定時推出的可愛玩偶總會讓年輕女孩們愛不釋手，也激起了她們血液中的血拼因子，為了這一波波限時推出的玩偶盡點心力，就算是排再長的隊也不辭辛勞，一定要將整組買到手。男孩子這時也通常會加入戰局，因為排長隊買到的玩偶，可以向心儀的女孩子表達出堅定不移的愛意。這樣的盛況，在新聞報導中經常看得到，可見得大家努力拼經濟的成果，果然是有目共睹！

公益彩券

　　說到樂透彩券，真可以說是台灣的經濟奇蹟，每一期上千萬甚至上億的彩金，讓樂透彩的狂熱一直居高不下。樂透彩已便成了全民運動，每到開獎日投注站人山人海的人潮，可以說明大家「拼」經濟的毅力。一券五十元並不貴，但卻

有人將整個月的薪水給「拼」了進去！

　　到目前為止因為拼樂透彩而成為富翁的人是少數，大多數的人都還在「一券在手希望無窮」。小市民與政府一起並肩作戰的樂透彩，最大的贏家是誰？從一再推陳出新的新玩法與刮刮樂，聰明的你應該知道了！總統帶領著全民「拼經濟」，拼了這麼久成果如何，大家可能都還一頭霧水不得而知，但小市民拼經濟的努力與決心可就是令政府當局望塵莫及了。全台灣各地只要是小市民到的了的地方，都可以見到大家血拼的努力，政府是須要和小市民多學學囉！

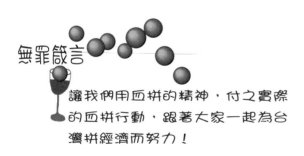

無罪箴言

讓我們用血拼的精神，付之實際的血拼行動，跟著大家一起為台灣拼經濟而努力！

17 廣結善緣．拓展交際圈

買東西不只是花錢而已，若能附加與人廣結善緣，也是
功德無量的事，畢竟，在家靠父母，出外靠朋友，何妨
一同共創美好的未來。

常言道：「人要衣裝，佛要金裝。」身爲現代時尙青
年，懂得走出自我風格，具有高度鑑賞眼光，是一件挺重要
的事。並非要教人以外表爲重，但起碼也得讓人看得舒服，
應該是最基本的國民應盡禮儀吧！懂得建立個人風格，就猶
如商品品牌一般重要。然而光是風格一詞就值得花大錢打造
出個人品牌。現今社會型態已從大量化轉而質感化，也就是
說許多商品多半是以精緻取勝，雖說多少受日本影響，但台
灣商業體制的改變，多少也造成了重質不重量的一項因素。
換句話說，人就像是商品一樣需要包裝，進而做行銷管理的
業務。

第一印象決定一切

花錢花在刀口上，懂得把錢花在自身品牌建立上的人甚
爲聰明，因爲他比別人多了一些機會。舉例來說，主管面試
的場合裡，第一印象即是外在打扮，縱使滿腹才華，無法在

第一時間取得好感，也難以勝出。就好像兩種商品拿來比較，一種既實用包裝又好，而另一種則是實用但卻破舊，在購買意願上除非沒有選擇的機會，否則破舊的商品已失去了被購買的機會，用到人的身上也是同理可證。

　　有了這些概念，才可以進行到自我推銷的階段。根據各方的體認，一句頗為有理的名言非常耐人尋味：「天下沒有醜女人，只有懶女人。」懂得打扮的人，便跨出了第一步。有了行頭的點綴之下，人的自信油然而生，這樣便可以在和人交談後讓人留下深刻的印象。此是「血拼」過後所產生的附加價值，這個附加價值或許會高的出乎你的意料之外。

血拼帶出人和

　　廣結人脈，從「血拼」做起一點兒也不誇張。常常可以看到一個景象就是，左鄰右舍，厝邊頭尾，幾個三姑六婆聚在一起，相約去「血拼」的畫面，姑且不論媽媽們的精打細算，殺起價來，不僅有大將之風，比起關老爺子，猶有震懾萬人的氣魄，巾幗不讓鬚眉的本事，在此表露無疑。誰說「血拼」是年輕人的專利呢？忙於工作打拼的事業狂，疏於對父母的陪伴，在難以結交「同夥」的環境下，「血拼」或許是單調生活中的一條康莊大道。

　　光鮮亮麗的外表，並不能帶來任何的保證，但卻能帶來無窮的機會，正所謂機會是給準備好的人，何謂準備好的人呢？自是懂得在各方面滿足要求的人，如此一來，離成功便不遠矣。從古至今，要成大事者，必先符合三項要素，乃是天時、地利、人和。回想三國劉備三顧茅廬於隆中時，孔明便分析當今時勢，曹魏挾天子以令諸侯佔盡天時之利，孫吳三代恃江而立佔盡地利，然而劉備以仁義之師盡得人和，於是便有三分天下之計，此乃天下聞名的隆中對策。雖然時移勢易，但道理卻是不變，想要抓住成功、抓住機會的先生小姐們，務必先學會「血拼」的精髓啊！

　　人的生活常能揭起一部部動人故事的序幕，而這些故事就散佈在自己生活的周遭，如何能將其一幕幕串起，便需要由自己去開發，藉著購物與周遭事物產生連繫，並不失為一個好方法，你可能接觸到上流社會的人，藍領白領階級，甚至於是市井小民，這些故事並不分上下，或多或少可以在你遇到瓶頸困難時，打開一個出口，人與人之間的連繫便由此搭起。

廣結善緣，共創未來

　　此外，就廣結善緣來說，可別輕忽與銷售人員所締結的廣大人脈，他們總是對你和顏悅色、笑臉迎人，並不時的對

你釋出善意，與你閒話家常，告訴你哪裡有大優惠、哪裡有大特價，有時談到快意時，便從櫃台下掏出幾個週年慶贈送的砂碼，送給你當做禮物；每當你發胖，身材變了樣，試穿衣服時，他們總是不會嫌棄你，還告訴你胖的剛剛好——「增一分則太肥，減一分則太瘦」；而當你想買的樣式缺貨時，他們總是花費九牛二虎之力，想盡辦法，幫你覓得，且每當有新貨到時，他們也總是先為你挑選幾件，等待你的出現；而當你出現在他們的視線時，他們眼睛為之一亮，就像看到神一般，出來迎接你，千呼萬喚地呼喊著你的名字，此時的感覺就像是他們的再世父母一般，受到極高的尊榮與寵愛；三不五時，他們也會

打電話與你噓寒問暖，讓你千萬可別忘了他。其實，就所購買的物品而言，若能附加與人廣結善緣，也是功德無量的事，畢竟，在家靠父母，出外靠朋友，更可共創美好的未來。

人際關係的最高境界

錢不是萬能，沒有錢卻是萬萬不能，可真是說中人們心中無限事，於是紛紛加入搶錢一族的行列，但是錢不過是用來滿足自己的一項物品，可千萬不要反客為主，搞不清到底是人在花錢還是錢在花人，當個能隨心所欲花錢滿足自己的人倒也不是浪費的做法。總而言之，慷慨別人，也慷慨自己的人，想必是受歡迎的。當個受歡迎的人，何樂而不為呢？所以說，人際關係的最高境界乃是「血拼」的基本意義。

根據國外的生活型態來看台灣，可以發現，注重生活樂趣的歐美，不善於儲蓄，他們總是把賺到的錢多半花在旅遊、休閒育樂上；反觀台灣，賺到錢也存，撿到錢也存，自己的錢也存，別人的錢也拿來存，似乎花錢是個要不得的行為似的。但總歸一句話，懂得如何花錢才是重點，把錢花在有意義的事物上，自然可以比別人多幾分機會，也可給人更多美好的印象。

18 宣揚國威‧揚名海外市場

> 說得更實際一點，大和敗金女可說是羅馬人的衣食父
> 母，羅馬城今天會如此繁華興盛，有一半是日本敗金女
> 的偉大貢獻。

　　如果你到過義大利羅馬城的西班牙廣場（電影《羅馬假期》中男女主角的邂逅之處），你就會見識到「大和敗金女」的厲害。其聲威可說是非羅馬無人不知，無人不曉，影響力更是無遠弗屆。這裡的巷弄充斥著各式各樣名牌的旗艦店，不管是LV、Gucci，或是Armani、Prada，只要你叫得出的名牌，這裡應有盡有，也是日本敗金女血拼必殺之地。由於日本敗金女聲名遠播，遠近馳名，消費力驚人，所以這裡女店員的日文說得幾乎比日本人還流利。說得更實際一點，大和敗金女可說是羅馬人的衣食父母，羅馬城今天會如此繁華興盛，有一半是日本敗金女的偉大貢獻。

　　相比於日本敗金女們的遠征義大利，香港敗金女章小蕙則一女當關，萬女莫敵。在還沒與阿B離婚前，她每季花費在時裝上約六十萬元港幣，只要一聽到時尚界有新款上市，她馬上就漏夜傳真到巴黎或米蘭的名店訂貨，而且每種款式都要買齊不同的顏色。即使與阿B離婚後欠下巨債，她也揚言

「飯可以不吃，衣服不能不買。」加上她頗有姿色，許多男人為她傾家蕩產都在所不惜，可見敗金的能耐非比尋常。

但是，比起日本敗金女血洗羅馬城，香港敗金女總讓男人破產，台灣敗金女則青出於藍，更勝於藍。薛主播一小時狂刷日本凱子兩百萬元，轟動台港星馬中日韓。說國力嘛，台灣向來受中共打壓，連屁都不趕放；說經濟嘛，慘不忍睹；說運動嘛，世足賽台灣連邊都沒沾上。可是薛主播一出手，就讓台灣敗金女之消費實力令亞洲各國刮目相看。可見血拼對宣揚國威，絕對有百分百的加分效果。所以說，如果你也是超級敗金女，何不貢獻你的所長幫台灣多多宣傳？準備好你的卡，列好清單，整裝待發，以下所列城市就是你宣揚國威的最好地方。

巴黎

浪漫花都巴黎可說是全球的流行風向球，魅惑璀璨有如夜空之星。風情萬種，可說是理性與感性兼具的城市。既有

古老深沉的人文背景，亦有前衛時髦的流行時尚。來到巴黎，香榭麗舍大道是必要的採購之處，舉凡香水、時裝、絲綢、皮鞋等應有盡有。而根據法國法律，商家每年只能在一月與八月各有一次清倉折扣。如果想逛到昏天暗地，手腳發軟，可千萬別錯過這血拼的最好時機！

米蘭

　　在義大利，大部分地區都是精緻小而美又有特色的商店，只有米蘭是少數擁有購物商場與百貨公司的城市之一。一般而言，折扣季大約在每年的七月中到七月底。如果想買名牌的話，可到Via Montenapoleone與Via della Spiga這兩條街上。若想買買一些中、低價位的衣物，Corso Buenos Aires千萬不能錯過，因為這是米蘭最大眾化的購物區，衣物、鞋、飾品、化妝品、家用設計品、書店等，在這條大道上應有盡有。當然逛累了，別忘了找間咖啡館，來杯卡布其諾，享受米蘭的悠閒時光。

羅馬

　　如前述，西班牙廣場的大街小巷可說是女人的天堂。附近Via Frattina大道與其平行的Via Borgognona，是深受女性喜愛的名店街，在這裡，有各式各樣的名牌貨等你血拼到爽。只不過比較麻煩的是，結帳時間過長，因為一團一團的大和敗金女整卡車的血拼，常讓各專櫃忙到手軟。當然除了

商店外，廣場周圍也有許多頗具特色的咖啡館，許多文人雅士會常聚於此，如音樂詩人蕭邦、大文豪歌德等人都曾造訪。

紐約

這是一個令人又愛又怕、面貌相當多元化的城市。有世界馳名的人文藝術場所百老匯、大都會博物館，也有時尚繁華的典範第五大道，她可以培養你高尚的氣質，也可以使你的人格墮落，這裡是金融之最，也是罪惡之都。來到紐約血拼，全世界最大的百貨公司Macy千萬不能放過，其東西種類多得讓人眼花撩亂，你可以在這裡一展身手，但也別忘了失去理智。血拼完後若還有時間，記得去看看歌劇，逛逛博物館，感受一下紐約的百變風采。

東京

東京流行風是亞洲唯一可以和歐美時尚並駕齊驅的城市，許多日本設計師的作品也都舉世聞名，如三宅一生、川久保玲、山本耀司與高田賢山等的作品計品等都是世界級品牌。但即使自家品牌實力已名列世界排名，但日本人還是迷戀歐美品牌到無法自拔的地步，許多大和敗金女甚至不惜刷爆一張信用卡也要買個Prada的手提袋或Gucci的手錶來炫耀炫耀。所以來到東京，如果沒到新宿、澀谷或銀座的百貨公司買個LV的皮夾或者是Anna Sui的化妝品、Tiffany的首飾，

就別說你有資格來這裡血拼，想讓大和敗金女聞風喪膽。

漢城

　　現在台灣哈韓風方興未艾，週末如果沒有來這邊撿撿便宜，那你還真是落伍了。漢城的東西不管是用的、吃的、玩的，或是流行服飾、精品、家庭雜貨甚至手工藝品，樣樣都便宜到讓血拼族血管上升、尖叫連連，特別是東大門的八大市場，二十四小時都熱鬧非凡。而其中三個大型的批發百貨中心Doosan Tower、Migliore、Kopyong Freya等，每個樓層都集中了近百家店面，絕對讓血拼族看了眼花撩亂，逛到四肢無力、廢寢忘食。

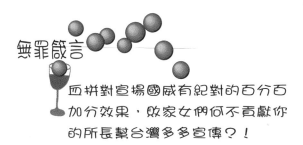

無罪箴言

血拼對宣揚國威有絕對的百分百加分效果，敗家女們何不貢獻你的所長幫台灣多多宣傳？！

但求『爽』字篇

血拼可以為你帶來征服感、

滿足你的快感，

雖然不可能當上總統帝王，

卻也有如帝王般的架勢。

19 壓抑後，放縱征服的快感

人的生活除了被動的工作之外，必須要有一個主動的、
開創的、能勝任的事情來做，一陰一陽，壓抑與征服互
補，才能協調出積極的人生。

　　是不是好久沒有瘋狂過了？一路從機場追著明星到簽唱
會，親睹巨星的風采是一種快感，卻不是征服。花上好大的
力氣，從平地爬到七星山頂、玉山頂，可真是產生了征服的
快感，但是那只能偶爾為之，舟車勞頓以及大耗體力不是經
常可以如此的。想起追求異性的時候沒有？趁著生日啊、情
人節啊、白色情人節啊、西瓜草莓節啊、端午中秋啊，反正
只要有任何節日就瘋狂的購買999朵玫瑰，各種「鮮花素
果」，只要能征服、擄獲那人的心就好了，這種快感比起李敖
《上山上山愛》裡面裸露告白的快感來得實際多了，血拼可以
為你帶來征服感、滿足你的快感，雖然不可能當上總統帝
王，卻也有如帝王般的架勢。

男人受到壓抑

　　據統計，男人通常比女人早死，因為男人的壓力責任太
大，沒有疏洩的管道。除了每天面對處理不完的事情之外，
只能在家裡發呆看電視。年輕時的快樂不見了，為什麼？因

為年輕人的世界多變化，隨時一堆狐群狗黨聚聚，到處血拼，到處去玩，到處去釣馬子，等到結了婚，男人像消了氣的皮球，但是啤酒肚卻越來越大，不知道如何自處。一小有積蓄，於是就來刺激的：搞婚外情、包二奶，是不是很沒意義？但是這是男人的慣性。如果妳是愛血拼一族，為什麼不讓他與妳一起同樂，告訴他妳想要的東西，男人獲得了尊重與面子，為妳做牛做馬也願意。

　　人的生活除了被動的工作之外，必須要有一個主動的、開創的、能勝任的事情來做，一陰一陽，壓抑與征服互補，才能協調出積極的人生。

　　有時候男人很笨、很單調，不知道自己辛辛苦苦賺錢要怎麼花，所以通常男人願意把錢交給女人來管；一旦生活貧乏的時候，就在外面偷吃，這箇中的緣由，主要還是因為男人還是脫離不了野性「征服」的原始基因。原始人在面對險惡的外境時，要想辦法保護自己以及家人，唯一的方法就是「征服」環境。所以啊，聰明的妳，如果明白了這一層道理，男人的征服是為了保護自己以及家人，在現代的社會又不能將這種慾望化為作奸犯科，

又不能去打伊拉克、中共，因為會有生命的危險，最好的方法就是帶他去血拼，幫他買好看的西裝、皮鞋手錶，買好車，好的家電用品，覺得累了，就買一部按摩椅啊！他坐著坐著就睡著了，就不會到外面亂「鬧出人命」來，也確保自己家庭生活的單純。

女人的補償

現代的女性工作能力都很強，姊妹們辛苦的工作，幾乎是週一到週五，「日出而做，夜半而息」，每天都累得像烏龜一樣，週末

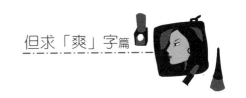

好不容易有了自己的時間，就要上街逛逛囉。上班的時候，主管挑三撿四，一肚子的委屈，這時候就可以盡情的發揮。才一進商店、專櫃，就以為進了皇宮、hotel，每位服務人員都笑容可掬，自己就像公主般，即使自己的臉上雀斑、黑班再多，皮膚再皺，小姐都不會嫌棄妳，永遠說妳長得像天仙美女，但若要美上加美，用這樣化妝保養品就對了。那種人際關係，妳知道的，就是那麼令人愉悅，不管工作再怎麼苦悶，一到了血拼的天堂，通通化為烏有了。

還有，每天忙得團團轉，不知不覺就越吃越多，也就胖了起來，服飾店的小姐們不管如何，一定對妳的身材讚美有加。雖然看著別人穿著細肩帶好看，但是面對自己的胖屁股，塞不下洋裝，小姐一定會說：「怎麼會呢？妳的身材是最適中了！」於是千方百計的選一件XL的給妳穿，不斷的給妳讚美吹噓一番，雖然有時候不怎麼相信，但是，在服飾店裡像著了魔似的，飄飄然的，好像真的，這種催眠作用能夠滿足工作受創的心靈。

現代人每月的薪資大多從銀行進帳，只是一堆數字，不覺得有什麼，這時候啊，化為專櫃小姐的言語、出去時手提的一包包的心血，才發覺辛苦的工作很有代價，難怪女人最愛上街血拼。

商品的魅惑

有時候，也不是那麼想血拼，妳知道嘛，哪有一天到晚要血拼的道理，不是嗎？可是信用卡的、大賣場的、電視上的、專櫃的廣告、DM實在做得太好了，永遠把我們的目光吸進去，商人不斷設計出新的商品，而作家學者不斷出版新書、專輯要帶領我們的新知，從前舊的用品就不斷地被淘汰，甚至現在第四台有介紹完整的購物頻道，這些商品的魅力，不斷鼓惑我們。

相信妳一天到晚辛苦的工作、讀書進修就是為了完成夢想，不管這個夢想是有形的物質還是無形的心靈知識，都是妳努力的目標，然而我相信，妳必定是經常在腦中想要購買一樣東西，沒有錢就拼命存錢，最後要獲得那樣東西。

譬如小時候看鄰家小孩有大娃娃、每天可以彈鋼琴，羨慕的不得了，原來是家裡買不起，長大後賺錢就一心想要買鋼琴，不管是要

彈也好，要朝拜也好，總之滿足了自己的心願。妳可別看這小小的動力，需求與供應這可是人類經濟的發展動力，這在心理學上來說，就是馬斯洛對於人生主要的五種需求的最高需求：自我實現需求。

怎麼樣，沒想到小小的血拼，大大的征服快感，竟然是這麼偉大！

無罪箴言

人的生活必須要有一個主動的、開創的、能勝任的事情來做，壓抑與征服互補，才能協調出積極的人生。

110

20 別人有的我一定要有

> 羨慕會令人產生衝動的購物行為，這樣羨慕別人的念頭
> 一旦興起，如果當時又有一筆錢的話，可能就會一頭栽
> 進去，出現瘋狂的購物衝動。

「小陳前幾天買了一支新的手機，彩色螢幕加上四十和
絃鈴聲，我也好想買喔！」

「隔壁小林買了一部新車，贈送全新皮椅，只要五十多
萬元，我也想要買一台。」

你是不是常聽到身邊朋友也說出與上面相似的對話呢？
的確，很多人雖然用的、吃的、穿的、喝的都不比別人少，
但是對於現狀，還是不能滿足。進了一家餐廳，千思萬慮下
點了一道自認為最好吃的食物，等到食物一上桌，卻發現別
桌陌生人點的菜，好像比眼前自己的這一盤好吃。雖然嘴巴
不說，但看見別人細細的切了塊肉放進口中，還是不免吞了
一下口水，幻想那可口美味的食物，在自己的咽喉腸道中，
熱情的奔流。也就因為這樣的心中不平與不安的現象，讓瘋
狂的購物行為中，有多了這樣一個藉口。反正，我有的並不
一定別人要有，但別人有的，我一樣都不能缺。

　　這樣血拼的行為，既不是商家刻意放出來的利多，全都是自己心理血液的暴動因素在作怪，只要能好好控制這些不安定份子，相信對於購物的悔意，會多一份預防措施。常見的心理不安因素如下：

羨慕

　　羨慕會令人產生衝動的購物行為，這是人之常情，看見別人每天都有男朋友開車接送上、下班，而自己還擠在沙丁魚的公車車廂中，窄小的空間還要與別人分享得之不易的空氣，一定會忍不住幻想，要是哪天，我也有一輛屬於自己的轎車，該有多好？或者乾脆換個有錢的男朋友也不錯。

　　這樣羨慕別人的念頭一旦興起，如果當時又有一筆錢的話，可能就會一頭栽進去，出現瘋狂的購物衝動。價錢不高的東西也就算了，偏偏人性就是對價錢低的不會羨慕，往往相中的不是名牌服飾、珠寶，不然就是轎車、洋房高價的東西。一旦衝動付了頭期款，接下來的生活將是永無止盡的貸款還款生活，但是羨慕的念頭呢？卻未曾稍稍減低過。

　　「只要是我喜歡，有什麼不可以？」「就是會忍不住想買！」「因為誰、誰、誰也有買啊！」反正也不需要太多理由，一句話：「別人有的，我一定也要有。」就能說明一切。

模仿

「聽說最近日本都流行穿低腰褲,我也想要去買一件」、
「歐美流行的嘻哈裝扮,我們一定要走在時代的最尖端,去逛
一下街吧!」

　　隨著媒體的多元化發展,現在只要與流行沾上邊的東
西,一天之內就可能透過網路傳送到世界各地,不管哈日、
哈韓或是哈美,只要是
最hito的偶像明星有關
的商品,轉眼間就會成為大家爭
相模仿學習的指標。像日
本流行教主濱崎步,只要她的新造
型曝光,接著這股流行模仿風就會
慢慢的席捲台灣,滿街遊走的辣妹,個個都像濱崎步。別
以為「宋七力」有啥了不起?濱崎步一出招,全亞洲都是
她的分身。

　　但是,不要以為模仿是女人血拼購物的專利,男人也
有模仿的潛力,而且模仿起來還會嚇死人喔!前些日子的世
界盃足球賽中捧紅了英國足球明星貝克漢,魅力所及,席捲
多少男女的心,一頭金髮的龐克頭,更成為當時年輕男子崇
拜的偶像。據說,當時每天美髮沙龍一開門,就有顧客要求

要剪個招牌「貝克漢頭」，也不管自己的臉型是胖的、扁的，反正頂著一個頭，就好像會像貝克漢一樣，讓所有女人為之瘋狂。反正，流行無罪，模仿有理，一句話：「別人有的我也要有。」

虛榮

所謂「輸人不輸陣，輸陣歹看面」，一樣都是人生父母養，別人有的，我當然也要有啊！這雖然是很要不得的說法，但對於花錢的人來說，要的是面子問題，哪顧得了那麼多？看到別人戴著最新的鑽石項鍊，即使買不起真品也要買一個相似的仿冒品來充充場面，買了仿冒品還不打緊，出席朋友聚會時，還會刻意穿個低胸的禮服，然後露出剛買的仿冒品項鍊，虛榮一下也爽。

賭氣

根據研究，人在生氣時，身體內部會分泌一種奇怪的腺素，輕的話會影響日常生活的作息，影響人的肢體行為的控制異常，重一點的話會讓人三餐不繼，甚至失去了呼吸空氣的衝動。要治療這樣的毛病，通常只要把生氣的那個源頭補足了，所產生的症狀就會不藥而癒，最好的方法當然還是「血拼」了，用金錢把不快樂一一買回來。反正一句話，別人有的，我也要有。

忌妒

有沒有一種畫面是令你非常不恥的,那就是美女身旁,一定有個長得腦滿腸肥,禿頭啤酒肚的富家田僑仔;或是一個奇醜無比的矮小恐龍旁邊,站著一個英俊、帥氣、挺拔的護花使者。見到這樣的畫面,是不是有一股妒火從心底裡迅速竄燒。沒錯,這就是「忌妒」。

人一旦心生忌妒,連帶就會失去理智,既然失去理智,瘋狂的血拼自然就變得有憑有據。反正,別人有的,我一定要有。

分析這麼多的理由與藉口,或許你不表示認同,總會想要想個更正當的理由來將血拼合理化,那要小心喔!你已經把上面的理由更升級化了,那叫做「狡辯」,反正錢就是從口袋中出去了,別人有的,我一定要有就對了,不理你了。

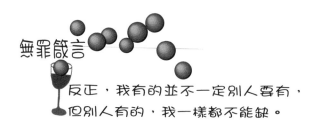

無罪箴言

反正,我有的並不一定別人要有,但別人有的,我一樣都不能缺。

21 沒辦法，我喜新厭舊

無論生活壓力再怎麼大，看到新的事物都會讓人感到新
鮮、快樂，不然怎麼會有人說：「新的總比舊的好」，
道理其實就是這麼簡單。

第一次在北京吃到大顆而飽滿香甜的水蜜桃、第一次收
到禮物、第一次看到電影、第一次進入神秘的「圓山皇宮」、
第一次親眼看到埃及的金字塔、第一次擁抱戀人、第一次中
頭彩……有太多的第一次，永遠讓你充滿無限的驚喜，人生
的快樂就是在驚喜中成長，驚喜是高傲的、舒坦的、喜悅
的，「喜新」沒有什麼不好，「厭舊」也沒有錯，我就是喜
新厭舊，新的事物讓我充滿活力，讓我的人生快樂不已。

看看新鮮世界，好好善待自己

相信你在幾百萬人的都市裡，從高空看下去就像一隻小
小的螞蟻，毫不起眼；但是仔細一想，人是活在自己以及別
人的心目中，如果你時時刻刻關注到自我的存在；那麼，自
我的價值就不是那小小的螞蟻，而是天上那一顆顆閃亮的明
星，讓人永遠注視著它。

如果你被忙碌的生活壓得喘不過氣來，如果你在打拼事

業的日子裡像一顆陀螺沒有停止過，如果你閒得發慌，為什麼不看看新鮮的世界，好好善待自己；唯有好好愛自己，才能善待周圍的家人朋友。

如果你不曾品嚐美食，為什麼不去阿扁常常去的那家法國餐廳去吃上一頓呢？如果你沒上過pub，為什麼不去pub裡跳個舞，點一杯啤酒來放鬆心情。如果你不曾展現自己的身材，為什麼不去挑一件大膽的洋裝來洋溢活力？人生有太多的美好，就是要你「喜新厭舊」，不然只會對著年華老去而徒自傷悲。

走在流行的東區、異國風情的天母、吹著風的新竹、下著雨的宜蘭，到處都在改變，就連上陽明山賞花、泡湯的同時，竟會無意中發現「秘密花園」，那就是在仰德大道旁的「林語堂紀念館」，竟然在裡面享受到書香以及中西建築文化薰陶的同時，還可以點個簡餐，喝個下午茶，本來只是要逛逛天母，好好的血拼一下，竟能發現如此新鮮的體驗。

就是喜新厭舊

作為文化人的你，一定經常買書、買CD、買精品，期待一本新的小說、新的投資理財書籍、新的翻譯書，大大的開拓了眼界，當別人還搞不清楚「奈米」是什麼的時候，你已

經開始在用奈米的先進產品了。那些設計師、專家不斷設計出新的商品，不就是爲了搏得你的青睞，而且還經常低價促銷，如果你不嘗試新的產品，怎麼能享受到不同的滋味呢？

　　花小錢就能有大大的滿足，這可不是個人的感受，而是大家都這樣覺得的吧！你去看看，爲什麼電影要不斷的推出新片，電視劇、音樂要不斷的創造出新題材，不然以前大家只看傳統的台語三姑六婆劇或是武俠劇，後來有新鮮的選擇，大家就定期消費，安裝第四台，可以從台港片看到大陸、日本、韓國片，不是樣樣新鮮、樣樣好看嗎？那些商人不斷的挖空心思，廣告商品千方百計要賺我們的

錢，但是我們不也是因此掌握到資訊，跟著流行走，充滿時尚感，這不是很好嗎？我就是喜新厭舊，不然重回到石器時代好了！

雖然我不是一流的電腦專家，但那又怎樣呢？我只要看到新的產品出來，我就馬上訂購，如果不會的話，電腦公司都有專門的工程師會到府服務，我只要釋出善意的「血拼」意願，他們可是樂不可支，什麼19吋LCD螢幕、六合一隨身碟、最新的線上遊戲、最輕薄而又最炫的notebook、還有最新的deskbook，我全都給他買了，爲什麼不呢？從前使用的CRT螢幕，不僅佔據的空間大，而且耗電兇，輻射大，對於一天到晚要坐在電腦前面的我，總是辛苦萬分，我那漂亮的水汪汪眼睛，隨時都會成爲可憐的熊貓，而新的產品LCD就讓我免除了這個煩惱。從前使用的286、386到586電腦，我想不會有人愛用吧，因爲那是古老的烏龜，你看，跟著時代脈動走，讓我享受到便利的科技生活，是不是很好呢？

新的總比舊的好

東西使用一段時間一定會損壞，就拿鞋子來說，好多漂亮的巫婆鞋、涼鞋、高跟鞋，如果看到就買，那就每天可以穿新鞋；衣服也是，現在商業這麼發達，不管是路邊攤還是專櫃，都有數不盡的衣服選擇，每天穿著新的衣服搭配不同

的鞋子，就像新的一天，隨時都有好心情，這就是我的快樂人生。用過的家電也是，有新的全平面電視以及大尺寸的電漿電視，早該換調那映像管的電視，這就好像以前的大哥大，最早眞的是那種大哥、董事長級的電話機，因爲旁邊一定有一個人專門提著一個像○○七的皮箱，而後來稍微好一點，是那種用吼的「喂！」的大金剛，現在則是小巧玲瓏、功能強大的漂亮手機，幹嘛不買新的產品，我就是喜新厭舊，因爲我不是老古板。

　　每天坐的車子也是啊！從以前的偉士牌、野狼，那種狼狽的坐姿，又要受到風吹雨打，「實在不知爲何而坐」。後來總算存錢去買小裕隆，還是經常拋錨，東壞西壞，下雨時隨時會「天降甘霖」，今天總算是有各國的名車可以選擇，我又何必要念念不忘舊情人呢？生活的壓力不管再怎麼大，看到新的事物就會讓我新鮮、快樂，不然怎麼會有人說：「新的總比舊的好」，原來道理就是這麼簡單。

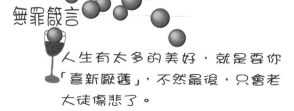

無罪箴言

人生有太多的美好，就是要你「喜新厭舊」，不然最後，只會老大徒傷悲了。

22這是「奇檬子」的問題

在任何一次血拼的消費行為中，除了天時（特價時間）、地利（離家不遠）之外，還有人和（感覺好不好）的問題。

不知道你有沒有這種經驗，到百貨公司、專門店或專櫃時，沒有特別想買的物品，可是才剛拿起東西看了一眼，就被店員逮個正著，以三寸不爛之舌告訴你這東西有多好多好，有多適合你，一小時的天花亂墜與加油添醋後，你被打敗了，所以只好乖乖地拿出包包裡的信用卡，心不甘情不願地給它刷下去。

事實上，任何一次血拼的消費行為，除了天時（特價時間）、地利（離家不遠）之外，還有人和（感覺好不好）的問題，事在人為，不知道你認不認同這樣的事情，但以下就是影響你「奇檬子」好不好的行為：

嘴巴甜

「小姐，這件裙子穿在妳身上，簡直像奧黛麗赫本一樣有氣質。」「先生，你身材這麼高俊挺拔，看你穿西裝真是一種視覺享受。」相信你平常聽見這樣噁心的話，一定會雞皮

疙瘩掉滿地；但在閒暇逛街血拼之時，聽到有人對你這樣說，想必你一定十分認同，點頭如搗蒜，而且還會覺得說這種話的店員真是有涵養，居然可以一眼就看出我個人內在所散發出來的優美氣質，值得鼓勵，所以就把銀子或信用卡全部掏出來供奉給他了。人嘛！還不是一個「賤」字，只喜歡聽虛偽的話，不喜歡聽實話。而專櫃小姐或售貨員就是看準了這一點，將計就計，才能將上門的客人一網打盡。當然逢迎諂媚拍馬屁是要適度的，有時候拍上天或拍到馬腿，反而會讓人有不舒服的感覺。

長相佳

長的漂亮與帥氣不是病，但長的醜的人當售貨員就可能比較會出人命。的確，大家總是喜歡欣賞美麗的事物，試想像一個畫面，當你進到一家精品店，出來迎接你的是一位高帥有禮的斯文帥哥或是一個胸大、腰細、肥臀的氣質美女，你的購物慾望是不是馬上被挑逗起來；但如果你進去的店，映入眼簾的全是口嚼口香糖、滿臉全豆花的女子或是一個像痞子逛大街的傲氣男店員，你還會有血拼的念頭嗎？

動作快

「小姐，不知道這件衣服有沒有大一點兒的size？」「先生，可以幫我拿小一號的鞋子嗎？」當你血拼試穿衣服或鞋子時，總會遇到size不合的尷尬場面，這時，如果店員很迅

速的拿出你想要的型號尺碼，對你的購物心情一定有很大的幫助。要是店員對你說：「你等一下，我去幫你拿。」結果這一去，就像是萬里長征一般一去不復返，讓你望穿秋水，像王寶釧苦守寒窯十八年，想必你購物的雅興一定全無。若這時你正想要離開，別的店員還拼命挽留你說：「對不起，再等一下喔！他馬上就快回來了。」如果你還不識相堅持要滾人的話，那可會落得「心眼小」、「氣度低」的口舌呢！

上面所列幾種店員的態度，雖然不盡然使你的「奇檸子」變好，但起碼不會掃興。但接下來介紹的幾種店員的行為，如果你有幸遇見還能盡興血拼的話，那……算你有種。

勢利眼

這種店員通常在高級精品店出沒，把自己打扮得像聖女貞德般的純潔，帶著一付晚娘專用的黑框墨鏡，並剪著一個自以為時髦造型的頭。一見客人上門，先用三秒鐘打量你這位仁兄或大姊的穿著如何，再決定要不要說「歡迎光臨！」這四個基本字。

一旦你當天的衣著被他認同，再三秒鐘後你會發現，他就像你的貼身丫環一樣，把你捧在天上，伺候得服服貼貼，甚至你叫他蹲下來舔你的腳趾，只要老爺夫人高興，可以大

開殺戒把店內的東西全部打包回家，這些人也是在所不惜。

　　相反的，如果你逛街當天的服裝不太高雅，有幸進入這樣勢利眼的店，哈哈，包準你不被當人看；向店員或售貨員

問一下有沒有適合你的型號，他就會擺出一付那種「你買得起嗎？」的不屑表情，讓人打從心底想把他碎屍萬段。遇到這樣的店員，千萬不要動怒，你只要秉持「顧客永遠是對的」的七字箴言，然後用踐得二五八萬的神情與語氣來反諷他，嫌他們店內東西的品質差，貨色像地攤貨，然後高雅端莊的走出大門，保證可以一洩你心頭之恨。

手腳黏

「小姐，你穿這件衣服喔，一定要搭配這條裙子，或者，搭配這條長褲也不錯。」當你正在試穿一件漂亮的衣服時，聽到店員說這樣的話會有何感覺？本來花錢血拼是一件令人心情愉快的事，但突然之間就變得很有壓力。一旦你中意了這件衣服，接下來的八爪魚攻勢更是沒完沒了。

這種店員就像水蛭一樣，看見你流血不但不會幫你，反而還會黏在傷口上，想要越吸越多。若你買完了衣服，店員不管三七二十一馬上遞上一件裙子或褲子來搭配，好不容易等你把整家店的裙褲都穿遍了，這時店員當然會將鞋子或其他配件馬上雙手奉上。等到你刷爆所有的卡回家之後才會發現，原來最初的堅持才是對的，因為除了你自己想買的衣服很喜歡之外，其餘多買的裙褲，還真是怎麼搭配怎麼難看。

嘴巴硬

「小姐，我們買這麼多東西，有沒有打個折扣？」如果店員回答你的是：「對不起，我們全年不打折ㄟ！」或是露出「這麼愛貪小便宜」的表情，當場你是不是想一走了之？

現在不打折與不二價的店家實在不多，尤其是一般百貨公司或商家，老闆總會賦予店員一定的折價空間，如果顧客沒開口，店員的業績就多一點，如果顧客開口，這時候店員的回答就成了最後的關鍵。

「本來我們是全年不打折的，但是因為你今天消費很多，給你個貴賓特別價九五折好了。」此話一說，逆勢馬上變優勢；如果店員是這樣的回答：「公司有規定是全年不打折的！」這時候，不管你剛剛多麼喜歡這個物品，馬上做誓不回頭的走人，說不定還有被挽回的空間；如果店員的嘴巴還是很硬的話，那就告訴自己，下一個商家買的東西會比這家好，這樣心態就會平衡點了。

23我高興・我喜歡・我愛・我爽

「這包包你買了都沒用ㄟ，那你幹嘛買它呢？」

「我高興，怎樣！？」

血拼購物的理由，通常有兩大類，一種是可以理解的理由，譬如物品本身的價值令人心動，非買不可；或是剛好商家舉辦特賣促銷，自己在天時、地利、人和的搭配下，就花錢購買了。

面對這樣有實質意義的理由，一般人似乎比較容易接受。另一種理由，是自我心理的想法，這樣的理由說出來，某些人或許可以用想像的，但對於絕大多數的人來說，似乎感受不到這樣的訊息。讀者也許會認為這兩種理由，是衝動型購物與理性消費的區別，這種分法不盡然可以說明，因為有自我心理想法的人，絕對不會承認自己是衝動型的消費者。到底血拼購物出自於內心世界的種類有多少？且讓我來說給你聽聽。

我高興

人生在世只有短短數十載，讓自己開心是大多數人終其一生追求的目標。因此，常常有人做了一些事找不到理由

時，這時候「我高興」三個字就會被派上用場。

「這包包你買了都沒用ㄟ，那你幹嘛買它呢？」
「我高興，怎樣？」
「你的化妝品買了都沒用，放到過期了。」
「我就是高興，怎樣？」

會用這種語氣回答問題的人，通常態度都有點高傲、聲音尾音還有些上揚，一付就是欠揍的樣子。聽到這麼「番」的回話方式，有些人可能就會想要先助跑，然後從說這話的人的後腦勺給他「巴下企」。

其實這句話用來做為敗家子與敗家女血拼的理由可說是相當貼切，因為不管是衝動型或是理性型的血拼族，對於每次都要想盡辦法找理由來掩飾自己的行為一定非常苦惱，所以這句話不但幫助了許多人脫離狡辯的苦海，同時也為自己囂張的血拼行為找到合理的藉口。所以下次有人問你為何要買某樣東西時，你也可以微微抬起你的臉頰，噘起你的小嘴，用四十五度角看著他，然後用一付很不屑的語氣說：「我高興啊，怎樣？」想必一定可以幫你解決不少煩人的問題與指責。

我喜歡

第二種心理層面的回答方式，就是「我喜歡」。幾年前電視有個廣告，「只要是我喜歡，有什麼不可以？」起初這廣告的立意是指年輕人要有自己的主張，後來卻被曲解為「做什麼事都可以，只要我喜歡！」差不多的字句，可是卻有相反的兩種說法。

但是把這句話做為血拼的理由，在不同語氣的輕重緩急上，會有相當極端的差距。譬如說，男生幫女生買東西時，女生嬌羞的說：「嗯～我好喜歡這個東西。」此話一出，相信所有的男人無不爭相為她賣命刷卡。但是，如果這東西是女生自己先買的，不識相的男生再問她的話，她的語氣想必是：「我喜歡，不行嗎？」似乎兩種不同的購物理由，與當時的廣告詞一樣，被有心人士曲解了。

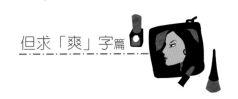

　　或許有人購物是眞的喜歡東西本身的美感，但是通常都不會用短短的三個字「我喜歡」，就一語帶過自己放蕩的理由。說什麼也會用很多虛幻的形容詞，來讚美自己的購物眼光有多好，這東西說有多喜歡就有多喜歡的樣子，這樣才不會自打嘴巴。所以當有人只說出這句：「我喜歡」的時候，心情可能不太好，可奉勸你速速遠離，免遭池魚之殃。

我愛

　　如果說用「我高興」、「我喜歡」都不能滿足你心目中對這些心理層面的購物理由的話，那接下來用「我愛」應該就更堅定的表達自己的立場了吧！

　　「愛」字就是「心」與「受」兩個字的組合，內心的感受就是愛。因此，「我愛」這兩個字雖比不上三個字多，但震撼力卻不輸前兩者。

　　「嗯，你怎麼會買這樣的東西啊，又不適合你？」
　　「爲何不選擇這個款式，要選擇那個呢？」

　　當你遇到有人這樣問你的話，你若一時又想不到更好的理由時，倒可以試著冷冷的說這兩個字「我就愛啊！」我想，能在你的冷言冷語下還繼續追問的人，可能會來日不長

了，因為，這個人既然沒有讀心術的話，就不用多活了。

我爽

　　心理層面的血拼理由，最高境界就是一個「爽」字來說明，因為爽字是一個大字上面有四個又又，這又又可能代表心裡很高興的感覺，或是心裡非常「◎△○？＋－×※＊……」。如果遇到前者的話，就要趕緊上前抱這他的大腿，因為他正值高興的當頭上，說不定會分你一些購物換來的贈品或是給點小費之類的。但若是他回答時目露兇光的話，那勸你要早點離開他的視線了，因為陽明山上公墓的很多冤魂就是因為不懂話語中的涵義，多說個幾句就死無全屍的。

　　上面幾句話，你可以單獨拆開來說，當然也可以一口氣把他說完：「我高興、我喜歡、我愛、我爽，怎樣！」保證把那些對你購物理由百思不解的人，嚇得魂飛魄散。其實，購物血拼時其實多半都是有實質上的理由啦！或許是因為理由不夠堅定，或許是因為心情不好，或是是因為一時詞窮找不到適當的字句，所以只好就這簡單的理由來帶過。

　　「其實你不懂我的心」應該說是「其實你太懂我的心」，所以當下次有人對你說，他買這東西是因為「我高興、我喜歡、我愛、我爽」時，你可以不懂他的心再繼續追問，或者

是很懂他心意的摸摸鼻子就走了。買不買都有各式各樣理由，就屬這個最奇怪吧！怎樣，我就是要寫這個理由，「我高興、我喜歡、我愛、我爽，不然來打我啊！」

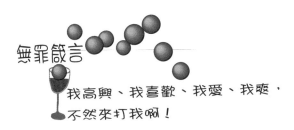

無罪箴言

我高興、我喜歡、我愛、我爽，
不然來打我啊！

24沒辦法，就是錢多

> 今日的錢太多，是為了明日的錢更多，所以要努力的血
> 拼才有更加努力賺錢的理由。想買的就買，該買的也
> 買，反正狂買狂刷卡是鞭策自己更拼命賺錢的動力。

「錢太多」絕對是血拼所有理由中，最名正言順、理直
氣壯、冠冕堂皇的一個。

俗話說得好，錢不是萬能，但沒有錢卻是萬萬不能。除
了日常生活中的基本開銷外，多餘的錢可以讓生活更多些情
趣，也可讓生活過得更舒適。過去台灣社會生活困苦，要應
付基本的生活開銷與養家活口已經是一件非常吃力的事，根
本很少有人能夠有多餘的錢去血拼，「錢太多」只有在百萬
富翁身上或在美夢中才能發生的事。全家省吃儉用的，東西
壞了也捨不得丟，更不用說能像現代人一樣逛街血拼了。

隨著經濟起飛，台灣錢淹腳目，人們越來越有多餘的錢
可以為自己或為家人添購新的行頭，也因為如此，商業經
濟、各行各業開始蓬勃發展。「錢太多」也成為了現代人血
拼中，覺得驕傲自負的理由了。總結本書中三十個血拼的理
由，「錢」是每一個血拼理由中不可缺少的重要因素。錢太

多不知道該怎麼花也是滿傷腦筋的事，有些人會將錢亂花，最終弄到血本無歸欲哭無淚；有些人就較懂得理財，將錢的用處計畫得很好，而血拼愉快當然也解決了錢太多的煩惱。

會賺也要會花

當然錢太多存放在銀行裡是最安全的，每年又有利息紅利可以拿。不過存放在銀行裡沒有使用，錢就成了死錢，而且也失去了錢原有的功能與意義。

懂得賺錢又要會花錢，這樣的人生才過的有價值。想想看，你多久沒有為你的家換新裝了？有多久沒有為家人添購新的行頭了？別小氣，錢太多就拿出來為自己的家人或心愛的人做點事，他們會為你的在乎而感動，也能增進你與家人的情感。最重要的是，千萬別忘了所有重要紀念日，那可是血拼的重點日。在每個重要日子即將到來之前就應該好好計畫必須血拼的物品，價格能越高當然是越好，這樣更能表示你的重視程度與心意。倘若在不是血拼重點的其他日子裡，剛好有機會遇到特賣會、跳樓大拍賣、換季大清倉等活動，那錢太多的你更是不能錯過這大好時機，若有便宜貨可以買而不買，那就太對不起自己囉！

如果你是個黃金單身漢，另一半沒著落，也不打算跳進

婚姻的枷鎖裡，那更應該好好的犒賞自己，辛苦工作的代價不是為了要換回滿屋子的空虛，對自己好一點，對自己大方一點，讓自己在物質生活無憂無慮自由自在，之後再好好的補充追求心靈層次的滿足，美好的人生是要靠自己用心經營的。

榮譽的血拼

或者你也可以選擇廣結善緣，做個另類的血拼，把錢拼在慈善事業上。實際去查訪需要幫助的弱勢團體或需要幫助的人，看看他們的需要是什麼，對錢太多的你來說或許不算什麼，但對於需要錢的弱勢團體來說，那將會是無限的幫助，這樣的愛心能幫你和許多人結下好的因緣，好運也會跟著來。尤其是別人滿心的感謝，將會是你人生中珍貴的寶藏。

血拼帶來自信

錢太多好鬱卒，有錢不知如何花時怎麼辦呢？外出血拼保證能帶給你一整天的好心情。

在血拼的過程中，時而興奮時而緊張，總會帶著又期待又怕受傷害的心情。看到喜歡的商品，在掏出腰包、拿出信用卡付錢的那一剎那，你會對自己有著滿滿的信心，因為你是個有消費能力的人，有錢子就

有面子，有面子大家就看得起你的裡子，這是一件多麼令人愉快的事啊！血拼能讓自己在商場中佔有一席之地，這樣的自信心並不是每個人都能擁有的，相對的，有自信的人最美麗，做事情也較容易成功。所以，征服血拼戰場的勝利感絕對是錢太多該去血拼的好動機之一。

最近一陣子國家經濟不太景氣，想要振興經濟實

136

力與促進商場買氣，就得靠錢太多的人出錢出力囉。要一起跟著國家拼經濟的方法有很多種，例如找幾本大賣場的血拼葵花寶典用力給他血拼一下，或者是到百貨公司各層樓增加各專櫃人員對拼經濟的信心，也可以參加政府所舉辦的拼經濟全民大家一起衝——樂透彩及刮刮樂，你還有回本的機會，錢會反增不減，不過要有心理準備就是了，因為中獎機率與被雷打中的機率是差不多的。（不明白的是，是不是能中獎的人就不會被雷打中，會被雷打中的就不會中獎？）

還有一個是「奇檬子」的問題，這個就較抽象了。到了燈光美氣氛佳的商店，就會忍不住的血拼些東西回家；看到美麗又親切的專櫃小姐，怕她的業績不夠好，在老闆同事面前抬不起頭來，努力的幫她拉抬業績；直銷的親友介紹產品說的口沫橫飛，管他是賣些什麼東西，反正買下來就對囉！這完全是「奇檬子」的問題，「奇檬子」對了什麼都好談，錢也不是問題，「跟著感覺走，緊跟著錢後面走，「奇檬子」愈來愈好就愈買愈多……。」

今日的錢太多，是為了明日的錢更多，所以要努力的血拼才有更加努力賺錢的理由。想買的就買，該買的也買，不該買的也買一堆，反正狂買狂刷卡是鞭策自己更拼命賺錢的動力。雖然如此，聰明的你千萬要記得，不要被錢賺走被卡

刷走，除了身體力行的認真賺錢外，更要有精打細算的頭
腦，這樣才能血拼買更多，花錢花得爽，重要的是錢一樣還
很多！

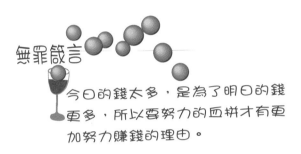

無罪箴言

今日的錢太多，是為了明日的錢
更多，所以要努力的血拼才有更
加努力賺錢的理由。

女人本性篇

還能有什麼理由，
女人天生就把敗家當樂趣，
沒有什麼不好，
也沒什麼道理可言。

25自信從SHOPPING開始

不管從事何種行業，你不一定要穿名牌，但是藉著外在的改變可加強你的自信心，絕對是不容置疑的。所以血拼去吧！把能為你外表加分的產品全部都搬回家。

說到「自信」這個字眼，看起來筆畫簡單，意思好懂，可是做起來可不是那麼一回事。因為實行起來眞難如上青天，無論你如何高歌自信，它依然不會那麼輕易地貼進你身體，成為你的血肉。

俗語說：「人要衣裝，佛要金裝。」不是沒有道理的，因為衣著的不同表現，會帶給人們一股不同的力量，讓他們搖身一變成為鎂光燈的焦點所在，而那所散發出來的自信也會使人驚羨。但有一

個不可磨滅的前提是：你想改變，你想成功，否則一切均屬空談。

　　所謂「自信為成功之母」，絕對是有其道理的。因為人在處於自信的狀態下，血液運行順暢，膚色富有光澤彈性，精神自然清明，雙眼還會自然發出令人注意的眼神，一付神清氣爽的模樣，自然在舉足投足之間，流露出特殊的氣蘊出來，在面對人群或處理事情時，便攻無不克，輕輕鬆鬆折服了很多的人。

　　因而「自信為成功之母」，絕對是人人要服膺的真理所在，所以，為了讓自己有「成功」的先決條件，我們必須來點小小的改變及努力吧！

衣的方面

　　你一定有聽過什麼叫做「一見鍾情」，但是你絕對不會聽到有人對乞丐或恐龍一見鍾情吧！意思就是說，外表是非常重要的！雖然許多人都口是心非，說內在比外在重要，抱歉！那不是唱高調就是說謊！

　　試問你，你會對一個醜女或醜男一見鍾情嗎？人與人相處久了，的確容易了解彼此的個性，但是第一印象，外在絕

對佔有致勝的關鍵。當然,不是每個人天生就是帥哥美女,但可以從後天補足,像衣服與化妝品都是最好的工具。許多網友都應該曾經看過香港歌手鄭秀文化妝前和化妝後的差別,化妝前的她其實長的也算普通,但化妝後的她可是判若兩人。

藝人是如此,常人也是如此。不管從事何種行業,你不一定要穿名牌,但是藉著外在的改變可加強你的自信心,絕對是不容置疑的。所以,根據自己的需要,品評自己的經濟能力,蒐集一些資訊,找出自己的特色所在,搭配出屬於你自己,獨一無二的衣著搭配,這也是培養自己信心基礎的另一個方式。所以血拼去吧!把能為你外表加分的產品全部都搬回家。

食的方面

吃和自信有什麼關係?當然有,如果一個衣冠整整的帥哥蹲在路邊吃大腸麵線,或一個國色天香的大美女坐在路邊吃ㄘㄨㄚ˙冰,你還要想過去跟她搭訕或聊天嗎?

雖然台灣美食聞名遐邇、冠絕天下,吸引各國美食饕客遠道而來,但想在路邊攤釣到凱子或把到馬子是不太可能的。因為驚心動魄的相遇或美麗的邂逅很少會發生在這裡吧

（除非日本藝人私下來台尋訪道地美食）！否則像周玉蔻和她老公在Coffee　shop認識的男女可就多不勝數，除了燈光美、氣氛佳以外，還有好吃好喝的美食咖啡可品嚐，幾次眉來眼去，就讓一對男女碰撞出愛的火花。所以說對飲食有品味的人，對自信心亦有加分效果。

住的方面

　　看過日劇《大和拜金女》沒有？劇中女主角松?菜菜子是一位非常美麗的空服員，她為了釣凱子，把所有的薪水拿來投資自己，不管身上穿的衣服鞋子、用的包包、手上戴的手錶都是名牌，但是回到她家裡一看，是一棟非常破舊的公寓，家徒四壁，除了一堆漂亮的衣服外，什麼都沒有，每天三餐以泡麵度日。所以她從來不敢讓男性去她家裡，因為只要美麗的面具被拆穿，她的自信心就會破滅無疑。

　　可見住的有自信也是非常重要的，所以不要把錢都花在

買衣服上面，有空也去特力屋或生活工場血拼，買些小家具或小東西把家裡佈置得更乾淨清爽、溫馨浪漫，然後三不五時找朋友來家裡喝茶聊天，相信你的人緣會變好，自信心會更強。

行的方面

如果你是女生，小時候父母一定對你說過，女孩子行為要端莊，坐要有坐姿，站要有站相。意思就是說無論何時何地，禮儀與行為都是很重要，不管是站著坐著或走路，如果歪七扭八其實很難看。

如果讀者常搭捷運，會發現有些上班女郎明明穿著套裝窄裙，偏偏坐姿實在讓人搖頭，有時候打起瞌睡，春光外洩都不自知，真是一件很糗的事，即使外表再怎麼驚天動地也是枉然，所以增加自信心，行為與舉止千萬不可忽略。

育樂方面

除了外在的裝飾以外，內在氣質涵養的提升也是相當重要。因為一個有氣質的人所散發出來的自信魅力是擋都擋不住的。如果一個衣冠楚楚的超級帥哥或美女開口閉口都是三字經，也會讓人望之怯步。

如何提升內在的氣質呢？讀書是個好方法，多去書店走

動，多買些好書，自然會讓你散發無形的魅力與自信。萬一你看到書就想打瞌睡呢？那也無妨，去國家戲劇院看看歌戲或舞台劇，或去畫廊看看藝術作品，也可以培養你的氣質。如果你對靜態的活動沒興趣，去參加俱樂部或是健身也是不錯的方式。但是你並非文藝青年，只是個工作狂呢？當然也有提升你自信與魅力的方法，那就是培養你的專業能力。因為專業能力的自信就是無形的美，但這種自信的建立並非一蹴可及，需要投注更多的時間及精力，當然也不是嘴巴喊喊就可以擁有的，只要你多花點時間去培養你自己專業能力，每天不斷的練習，成功的康莊大道自然在你眼前。

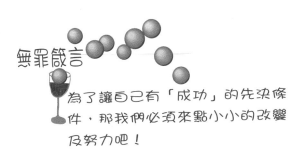

無罪箴言

為了讓自己有「成功」的先決條件，那我們必須來點小小的改變及努力吧！

26 成為時尚名媛＋鎂光燈焦點

天地間沒有恆常的道理，只要你願意，只要你有心，「血拼」不只是「血拼」，「血拼」的第二十六個理由就是讓你「擠身時尚名媛的行列」。

看過茱莉亞‧羅勃茲演的《麻雀變鳳凰》沒有？看過凱莉在《慾望城市》裡的裝扮沒有？那真是羨煞多少女性朋友！她們有一個共同的特點，那就是她們以時尚名媛的身分擄獲了觀眾的心。

其實每個女孩在內心深處都希望自己有機會成為時尚名媛，因為再普通不過的臉蛋加上毫不起眼的庸俗穿著，經常只會讓自己心驚，讓男士「垂淚」三尺，見到你就狂奔而去，而受傷的永遠是自己！

「你」就是時尚的代名詞

時尚名媛永遠是鎂光燈的焦點，眾多男士們夢寐以求的另一半。因為平庸的女性在眾人面前總是黯淡無光，即使在鏡子面前也是「生命中不可承受之重」！可是，天地間沒有恆常的道理，世事皆能改變，只要你願意，只要你有心，「血拼」不只是「血拼」，「血拼」的第二十六個理由就是讓

你「擠身時尚名媛的行列」。

心理學上有所謂「比馬龍效應」，即是將自己比做馬就像馬，比做龍就像龍，而你呢──比做名媛就是名媛，「你」就是時尚的代名詞。

所謂的時尚名媛是一個美麗、優雅、氣質、高貴的象徵意義，讓男人傾倒、讓女人嫉妒的佳麗。當然不是每個女性天生就能成為時尚名媛，不管是天生麗質的清秀佳人還是驚世駭俗的恐龍，晉升為時尚名媛的唯一管道就是「血拼」。

看到陳敏薰的雍容自信、劉嘉玲的清雅可人、友坂理惠的純淨甘美、莎朗史東的狂放豔野、麗芙泰勒的高貴脫俗，誰不想成為她們的分身、恨不得自己就是那美麗的公主。你敢說她們天生如此？告訴你，那是「血拼」的成果！我們可以從頭到腳來解剖她們：頭上戴的是優雅或具有流行感的帽子，配合著閃亮刺眼的耳環與項鍊，手裡提的是名牌包包，腳下踩著是天天要保養的完美高跟鞋。當然啦，最重要的是全身的穿著，不管是畢露無遺、展現身材完美曲線的低胸洋裝，或是端莊的套裝，還是神秘東方色彩的和服或是旗袍，美麗的倩影總會讓人流連忘返，宛若置身人間仙境！

血拼的30個理由
Shopping 敗家無罪

身為女人的快樂就是血拼

　　身為女人的可貴就是可以逛街血拼，這不僅是女人的權利，更是男人無法取代的專長！想想看，街上隨時會有新奇的事物發生，走進百貨公司，每個專櫃的小姐都把你當作公主，親切得不得了，在飄逸的秀髮上為你灑上香奈兒No.5的女人香，或為你介紹最新的流行商品，隨著春夏秋冬以及自己的心情變換衣飾。

　　只要我高興，今天可以當優雅的淑女，明日可以做狂野的豪放女，只要在百貨公司、在美麗繁華的城市中將卡拿出來血拼，這個世界就是為我而有了光彩，讓男人看得目不轉睛、搔癢難忍、蠢蠢欲動，錯以為我是空姐、名模或是流行的佳麗名媛。

　　原來，身為女人的快樂就是血拼，享受著那無比的尊榮。誰說女人的美麗必須要等待男人的「寵幸」？多愛自己一點，不也是最大的幸福嗎？

名媛也是可以製造的

　　名媛的「製造」也不難，首先「彩妝」是不用說的啦，只要到專櫃購買唇膏、眼影、眼霜、香水、日夜間保養品即可。年輕的女孩可保有吹彈可破的肌膚，年過而立的成熟女

性也可以讓自己的肌膚更緊緻，而漂亮的臉蛋更是讓你在眾人心目中保持完美的第一印象。

　　此外你還可以搭配不同的名牌皮包、華麗的首飾，名錶與名鑽當然不能少，那漸層的太陽眼鏡才夠嗆，穿著名牌大衣，手拿著最新最流行的手機，也可以讓你充滿現代風味，再加上腳下華貴的高跟鞋更能劃上完美句點。這一身行頭下來，不僅讓自己賞心悅目，更能印證一句話：「只要跟緊時尚人心一起浮動，就不怕乏人問津。」

　　過癮的感覺是什麼？就是將卡刷到心痛，痛到你會珍惜自己所擁有的一切，那你就成功了。「不經一番痛徹骨，怎得美麗撲鼻香？」要成為時尚名媛是必須付出代價的，關鍵不在於能不能，而在於你肯不肯。

往內延伸，充實內在

　　當然血拼不只是外表的物質表現，更要往內延伸，雖說外在的裝扮是第一印象，但內在的充實才是讓自己成為佳麗名媛的不二法門。

　　怎麼說呢？外在的穿著、刻意的打扮雖能讓你與眾不同，然而具有品味的你，除了用血拼為你帶來樂趣，讓你在

生活中得到充分的休憩與滿足感，但難免會讓人覺得你只不過是一只外表好看的花瓶。因為當在宴會上，大家舉起高腳杯，喝著醇酒的同時，你卻不知說什麼時，內心的空洞會讓你產生不小的挫折感，原來自己還不是完美的女性。怎麼辦呢？

擠身時尚名媛的行列

如果是自己的身材不夠勻稱，那就參加健身俱樂部，滿身大汗後去洗個三溫暖，在三溫暖裡，可以與眾同好們聊聊時尚，獲得最新資訊，還可以交換男友、老公的情報，電視報章雜誌不是都說偷腥的事件不斷發生嗎？在三溫暖裡彷彿就是台商在上海的夫人俱樂部。你看看，運動加洗澡，不但使你更健康，可以獲得新知，還可以拴緊情人的心，真是一舉數得。若生活中的規律使你索然乏味，除了上班、伴侶、小孩、股票、公婆之外，自己越來越厭倦自己，這時候，一年數次的「旅遊血拼」就會讓你享受人生的快樂。

旅遊血拼

在三月乍寒還暖的時候到京都賞櫻，品嚐日本的各種美食，乾淨整潔的生活。五月春暖花開的時候到北京，享受一下六朝的古都風情，還可以購買物美價廉的書畫瓷器。九月到巴黎看秋，這一座花園城市真是美得讓人心碎，浪漫詩情畫意讓你無法置身於左岸咖啡之外，不管是羅浮宮或高級餐

廳，都會讓你成為最有氣質的名媛。冬天的布拉格雪花片片，無數的百年建築讓你宛若身處古堡的世界裡。

誰說旅遊是走馬看花，但是旅行所拓展的眼界是那些在宴會上舉著高腳杯，只會說先生、小孩、股票的夫人名媛自嘆不如的。而每到一個地方的瘋狂血拼，尋找各國的戰利品，可會連聯合國都望塵莫及。旅遊是人生的享受，血拼則是生命的意義。

如果你已經是時尚名媛，那就讓眾生為你顛倒；如果你還不是，那麼就讓以上的各種「血拼」方法與技巧讓你擠身時尚名媛的行列。女人的天性就是愛美麗，但光美麗是不夠的，血拼到心痛會讓你更珍惜一切，並成為人人羨慕的時尚名媛！

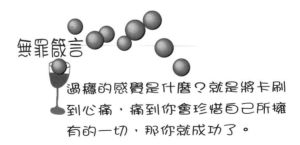

無罪箴言

過癮的感覺是什麼？就是將卡刷到心痛，痛到你會珍惜自己所擁有的一切，那你就成功了。

27 消耗卡路里的新方法

能血拼又能減重？當然有囉！只要你會計算運動後卡路里消耗量的計算方式，相信這會為血拼帶來更加誘人的理由。

翻開報紙雜誌或是打開電視頻道，總有許許多多的瘦身產品及瘦身廣告，但效果如何恐怕是不得而知，唯有從飲食及運動雙方面的控制與配合，才是達到真正健康瘦身的絕佳方法。除了對著電視做「one more、two more」外，你可能沒有想到外出逛街血拼也能達到運動減重的效果吧？怎麼會有這麼好的事，能血拼又能減重？當然有囉！只要你會計算運動後卡路里消耗量的計算方式，相信這會為血拼帶來更加誘人的理由。

血拼與消耗卡路里之間

什麼是卡路里呢？簡單的說，它就是我們身體中做任何活動所需要的熱量，如果身體裡囤積了過量的熱量，自然而然的就會造成身體的肥胖。反過來說，如果想要消除身上的贅肉，利用飲食控制與運動來消耗掉多餘的卡路里，就能達到想要的美妙身材。

一般來說，如果想要減去一磅的體重，大約要燃燒掉3500卡路里，換句話說，如果一天中能夠成功的消耗掉500卡路里，那麼一個星期內就可以減去一磅的體重（1磅=0.45359公斤；1公斤=2.20462磅）。讀者一定很好奇，消耗卡路里與血拼有什麼關聯？當然有囉！以下所提供的簡易運動卡路里消耗表，可以提供愛血拼逛街的你一個「一兼二顧，摸蛤蜊兼洗褲」的好理由。

活動30分鐘所消耗的卡路里

活動	消耗量	活動	消耗量
游泳	518卡	泡澡	84卡
騎腳踏車	92卡	洗碗收拾餐具	68卡
爬樓梯	141卡	洗衣服	57卡
打掃	114卡	講電話	33卡
快步走	114卡	跳繩	224卡
穿衣服	41卡	睡午睡	24卡
跳舞	150卡	站著搭公車	33卡
坐公車	53卡		

活動60分鐘所消耗的卡路里

活動	消耗量	活動	消耗量
跑步	352卡	開車	82卡
打網球	352卡	看電影	66卡
溜狗	130卡	跳有氧運動	252卡
打拳	450卡	唸書	88卡
唱KTV	81卡	工作	76卡
打高爾夫球	182卡	看TV	72卡
打桌球	300卡	騎馬	276卡
滑雪	354卡	插花	114卡
燙衣服	120卡	買東西	180卡
郊遊	240卡	仰臥起坐	432卡
散步	132卡	逛街	110卡

　　運動可以促進血液循環及新陳代謝率，血拼可以激盪腦力，兩者同時並進可以說是相得益彰，一舉兩得，多血拼多運動則多健康。

頭好壯壯，四肢發達

　　在血拼戰場中，一定眼明手快頭腦動的更快，才能殺出重圍取得最後勝利，如果沒有好的腦力與體力，很容易輸在起跑點上，那麼損失就難以估計了。

　　怎樣才能不變成頭腦簡單四肢發達呢？最經濟實惠的方法就是多運動了。運動的方法有很多種，但能邊運動邊血拼是另一項不錯的選擇。血拼時要眼到、手到、心到，動作還要更快，自然而然的可以訓練腦力的活動量，若再遇上殺價的關鍵時刻，那麼腦力激盪更是少不了。

　　常做運動思考的腦子，記憶力、計算能力、反應能力也會隨之增強，頭好壯壯是必然的結果。血拼時最好的交通工具就是11路公車，訓練腳力與身體的活動力，鍛鍊肌肉的耐力，是讓身體健康的不二法門。有健康的身體，才會有美滿的人生，換言之，有健康的體魄，才有血拼的本錢。血拼能讓頭好壯壯四肢發達，為了健康著想，大家一起來血拼！

運動瘦身，一兼二顧

　　有人說我每天都有在運動啊，工作那麼忙累怎麼會沒有運動呢？事實上，那只是勞動的一種，不是真正的運動。真正的運動會活化你身體的每一個細胞，讓血液循環更加暢通，讓全身上下都活絡起來，不需要靠額外的養生食品來補，只要正常飲食外加運動就可以達成。

　　如果你是胖哥胖妹一族的成員，別灰心，血拼也能有運動瘦身的效果哦！根據上列的卡路里消耗表來看，血拼的越

久消耗的量越大，所以時間允許的話，你可以選擇到大賣場、百貨公司等等這樣的地點去血拼，每一個樓層都佔非常大的地坪，散步逛街可以一氣呵成。記得別搭電梯或手扶梯，那只會阻礙運動兼瘦身的機會。爬30分鐘的樓梯可消耗141卡，比散步一小時的消耗量還大，也由於運動過後血液充分的循環，臉色會紅潤有光澤，這種自然美的色澤，是其他紅紅綠綠的化妝品所辦不到的。

消耗了身體多餘無用的熱量，這個成果會顯現在身體的曲線與體重計上，這也是吃瘦身藥、抽脂等等方法所無法達到的自然健康效果。因此在血拼前，你可以先計算出血拼所需花費的時間，再計算出今天想要消耗多少的卡路里量，在血拼的路上要多加勉勵自己持之以恒－－多運動多健康。只要有信心、有毅力，血拼的道路上除了有血拼的成就外，你還會有其他意想不到的收獲。

現在的你是不是正在計算卡路里的消耗量呢？多血拼就對啦！現代有很多不同方法瘦身的例子，說不定靠血拼瘦身將會是下一個風潮。

28為了愛美大作戰

這是一場屬於女性同胞永無休止的愛美大作戰，只許成功不許失敗，基於「血拼的女人最美麗」的堅定信念，無論付出多大的代價，在所不惜。

常聽人說：「沒有醜女人，只有懶女人。」這句話原則上我是不反對啦，至少給恐龍妹一線希望，給漂亮美眉一絲警惕。不過話說回來，這句「名言」稍嫌空洞了些，完全看不見所謂的「實踐綱領」，對於有志身體力行的眾家姊妹們，是否會覺得有些無所適從呢？

答案是否定的。因為這反而足以解釋她們火力十足的血拼動機，也就是說「工欲善其事，必先利其器」，要擁有閃閃動人的美麗光彩，除了精神、體力的投入，最不容忽視的應該是保養、打扮時，從頭到腳所需用的種種「工具」及「材料」沒有買齊的話，說什麼養顏、美容、抗老，完全是紙上談兵，又哪裡拼得過其他辣妹？在這個只求表面功夫的時代，外貌如果遜掉了，根本就已輸在起跑點上了，甚至用不著等到後浪推前浪，就直接垮在沙灘上啦！

這是一場屬於女性同胞永無休止的愛美大作戰，只許成

功不許失敗，基於「血拼的女人最美麗」的堅定信念，無論付出多大的代價，在所不惜，第一步就是要備足「槍械彈藥」，才有機會打出一場漂亮的勝仗！

由於篇幅有限，以下就捨彩妝用品，僅以保養品為例做進一步說明。

臉部保養

要成為人見人愛的漂亮美眉，臉部可是首當其衝，絕對是影響第一印象的關鍵所在，自然臉部保養也成為最不容易忽視的「戰略要地」，所有的乳液、美容液、保養霜於是因應而生。而這些保養品份量雖輕，價格卻往往高得令人咋舌，動輒千元以上，價格在五位數的名牌專櫃產品，更是所在多有，只要成效卓著，再昂貴也不是問題啊！

可別小看這一張臉，它的學問可大的咧！還可將臉部細分為好幾部分，包括T字部位、雙頰、鼻子、眼部周圍、嘴唇與嘴角。

T字部位

像是額頭和鼻子所組合成的T字部位，多半是呈現油性膚質，所以要加強抑油與控油的功能；額頭是最容易產生細紋之處，需要適當的保濕，否則很快肌膚就會乾燥老化；至

於鼻子周邊的部位，很容易出油與藏垢，經常導致痘痘或面皰的滋生，需要徹底清潔。不管你是要控油、保濕或清潔也好，依個別的肌膚屬性，自然有不同的產品來伺候。

雙頰與嘴角

佔臉部面積最大的臉頰，原則上，雙頰的肌膚容易偏乾，平時要以乳液或保濕霜來滋潤、保養。而冬天裡嘴唇很容易乾燥，因此要加強保濕潤滑的工作，而嘴角的問題則是容易產生細紋，因此也要多加注意。這些無疑都是女性同胞的心頭大患，非除之而後快，當然要勤於前往各大百貨公司專櫃或連鎖藥妝店，搜尋一切必要所需，這種血拼絕絕對對是省不得的。

至於眼部周圍肌膚的保養，就更加需要細心呵護，可能用到的產品又是另外一個層次，請容我另闢一段來談。

眼部保養

「眼睛是靈魂之窗」，要是你又是黑眼圈、又是魚尾紋的，即使天生再美的雙眸，也會因而黯然失色。但眼睛周圍的肌膚真的很難保養，又特別脆弱、敏感，難怪不管哪種眼霜，都貴的嚇人。

除了要有眼霜做適當的滋潤和保養之外，卸妝更要仔細不可輕忽，殘留的化妝品，是會造成眼部肌膚的負擔，導致皮膚老化的，於是專門針對眼部的卸妝油就派上用場了。如此一來，眼霜啦、卸妝油啦，也都很重要，當然得上街去貨比三家，何況為了不瘦了荷包，也該如此不是嗎？所以啊，不去血拼怎麼美麗得起來呢！

頸部保養

頸部是最容易洩漏年齡的！如果全心全力打理臉部肌膚，卻忘了頸部的保養，當心會讓所有努力功虧

一匣，要知道頸部和臉部肌膚一樣，經常是直接暴露在陽光下的，如果置之不理，就很容易老化，產生皺紋，所以也同樣需要用到隔離霜、乳液之類的保養品。更講究一些的話，除了白天出門前的防曬保養外，晚間保養還得幫頸部肌膚塗上身體保養乳液，然後每隔一段時間就要使用去角質保養品，清除老化角質一番，以加強頸部的美化。

就這麼簡簡單單的幾個保養步驟，屈指一算，女性同胞的梳妝台上又多了些瓶瓶罐罐，當然它們不是憑空而來，自然是某次血拼之後的戰利品囉！

手部保養

我們常說「雙手萬能」，卻很少想過一天下來，雙手幫我們做了多少事？尤其是家庭主婦，每天有忙不完的家事，洗碗、洗衣、掃地、拖地、刷馬桶……，久而久之原本的纖纖玉手就變成不折不扣「歐巴桑的手」。

難道這就是辛苦為全家人操勞的結果？未免太令人傷感了。怎麼辦？血拼解憂吧！順便為自己找一瓶護手霜來犒賞自己，順便也去挑一雙漂亮的外出手套，冬天不怕在冷風中受凍，再挑一雙好用的工作手套，避免做家事時洗潔劑的化學物質殘留，對雙手造成傷害。

腳部保養

　　過去一般人根本不會想到足部的保養，但近年來吹起一股涼鞋風，夏天一到，穿涼鞋是最炫的打扮，除了要買雙來穿穿，更要好好保養一番，才能展現出過人的足下風情，於是五花八門的美足道具與保養品就出現啦，平時護理足部，也需要塗抹上一些足部的去角質霜，輔助去除肌膚的老化角質。另外，你可能沒想到，足部也需要好好防曬的啲！如果沒有防曬，腳丫子就會出現涼鞋的印子，把我們的腳丫子曬得膚色不均，那可就糗大了。

　　話說女性同胞從頭到腳所需用的種種「工具」及「材料」，林林總總一大籮筐，儘管一般說來正常情況下，人類也不過就是那麼一張臉、一付臭皮囊，但是認真研究的話，你將驚訝的發現從清潔、保養、彩妝、美白防曬到減肥、塑身、體內環保、抗老，不論是吃的、喝的、擦的、敷的、抹的、塗的……有的沒的琳瑯滿目，看得人眼花撩亂，每個品牌都把效用說的異常神奇，彷彿女性同胞一旦錯過就對不起自己似的，總之，信者恆信，有這些寶貝也難怪女性同胞們個個刷起卡來不眨眼了。

29 和情人吵架，更要買

和情人吵架、鬧彆扭也沒有什麼了不起，最好的方法就是去血拼，保證回來之後就能一把鼻涕一把淚，相視而笑了。

記得當初你的他是如何追求你的吧！不管是誰追誰，或是同性追求同性，想必你們必定費盡心思在討好對方，目的只有一個：成為伴侶，享受兩人的甜蜜世界。

有過經驗的你必定知道，再怎麼好的伴侶都必定會吵架、會鬧彆扭，平常連自己的牙齒都會咬到嘴唇，更何況人心隔肚皮的愛侶。多少的愛情專家、婚姻專家、兩性專家都在處理你們的家事，如果你們都相知相惜、互敬互愛、絕不吵架，不知有多少人要失業呢！但是別人的「諄諄教誨」有用嗎？答案是：多半沒用，因為這牽涉到個性問題，個性的問題不太容易說變就變，不然那些哲學家為什麼一天到晚討論「人性」、「性情」，一論再論，也討論不出個所以然來，所以到現在還在吵啊！

因此，情場老手可以過來人的經驗告訴你，愛情沒有什麼道理可言；而吵架、鬧彆扭也沒有什麼了不起，最好的方

法就是去血拼，回來之後就一把鼻涕一把淚，相視而笑了。

越惹我就越愛血拼

　　大家的生活經常都是忙得半死，上班族回來就攤在床上動彈不得，但是夫妻還要照顧小孩、公婆，而學者啊，還要看一大堆的書，做一大堆的研究，懸樑刺骨，最後還是渺渺茫茫、無跡可循。但是戀人總要有所不同，又要享受兩個人的感情世界，又要翻陳出新，受不了的對方就會「發作」，走在路上，不管男女，如果你一個眼神不對，回去很可能就會被修理一頓，大吵一架，

　　「一哭二鬧三上吊」是最愚蠢的方法，跟他要錢去血拼最快樂，誰叫他惹火我，他越惹我就越愛血拼，這可不是報復，叫做趁機「脫離苦海」，為什麼呢？女人愛逛街，男人也愛逛街，只是逛不同的街，買不同的東西。

把握時機好血拼

　　你沒有經驗嗎？當你看中了一件華歌爾的UPUP，愛不釋手的時候就被他拉走了；當你經過鎮金店不斷向他暗示的時候，他那無知的表情，真的是「搥心肝」；而你的他看到汽車、電子電器用品的時候，他的腳下彷彿被磁鐵吸住了，你就只能在一旁發呆，那是多無聊的東西啊！當他惹火我的時候，我好不容易找到大好機會，好好血拼一番，回來的時

候，雖然他看你提的大包小包的東西，也會乖乖的閉嘴，一句話也不敢說，這時候，平常的「踏破鐵鞋無覓處，得來全是惹火功」，嘿！嘿！嘿！他膽敢跟我吵架、惹火我，哼，我就要讓他知道女人的眞本事。

我的美麗全是爲了你

你說，如果他學乖了，看見你就不斷地甜言蜜語、不斷地連哄帶拐，那女人不就不能趁機「發作」，家當不就沒著落了嗎？不就變成不好意思血拼了嗎？套一句廣告詞：「我們鄭重告訴你」，你錯了，他乖乖的時候，正好血拼，反哄他兩句：「我血拼還不是爲了青春美麗，這一切還不都是爲了你。」天啊，男人縱有多高的智商，也會心裡爽翻天；天知道，女人天生就把敗家當樂趣，沒有什麼不好，也沒有什麼道理可言，如果我們不敗家，那麼，失業人口會比那些愛情、兩性、婚姻專家更多，有時候想想，我們的生存，比那些唱高調的人更有意義。

男人也要血拼

男人可知道女人是天生的管家婆？當你多吃兩口美食，她就嫌你肚子越來越大，像女人大肚子；才多喝兩杯，她就開始警告你小心高血壓；才看上一套音響，她就說家裡不是已經有了嗎，幹嘛多花錢；才煞到一部好車，她就說要規畫未來、繳房貸，要忍一忍。Oh！My God！爲什麼男人就像孫

悟空，天天在翻跟斗、上山下海為唐僧的時候，還要被那像唐僧的老婆管得緊緊的。昏庸的時候，不斷碎碎念，真的就像唐僧的緊箍咒般，男人忙於事業又要顧家，又不能花錢享受一下人生，真是命苦！股市名人黃任中身旁一堆女子，家財億貫，如今家產被查封、成了階下囚；那末代皇帝溥儀最後也成了戰犯，雖然身旁五個女人，卻也鬱鬱寡歡，未留子嗣而終，所以啊，男人要及時行樂，享受人生。

賺錢是為了花錢

男人最大的「權利」就是被愛人碎碎念，有時火大，真是想要一巴掌就揮過去，不管是「如來神掌」或是「降龍十八掌」，反正就是要讓她知道男人的雄風。但是我要告訴你，不可以如此「無品」，再怎麼樣，女人都是要呵護的、要讓人來疼愛的，我們做人要「有品」嘛，她高興的時候就與她溫存纏綿一下，不爽的時候就去血拼啊！我可不是教你做壞，而是為什麼女人就可以血拼，而男人就要乖乖的每個月拿餉銀進貢給太后呢？雖然不能當「月光族」，可是也要生活得有樂趣才行啊！賺錢是為了花錢，不然為什麼要賺錢？這是務實的人生哲學，所以啊，花錢血拼是有道理的。

兩性平等，一起血拼去

　　想想看，每次女人在心情不好、吵架的時候就跑去血拼，回來都「氣色很好」、溫柔得像甜蜜的小貓，既然有那麼好的效果，在這強調兩性平等、基本人權的時代，不是更應該血拼嗎？更何況男人的血拼也不只是為了自己，大部分都是犧牲小我、完成大我－－奉獻給家庭。你看，名車豪宅也不就是為了女人到處兜風、回報一下辛苦的工作，享受一下居家的樂趣。

　　男人出手大方，走在一起，不僅是你有面子，更有裡子，最大的獲利者當然還是自己啊，不管你看上什麼，無論是鑽石項鍊首飾，或是藝術品、古董，或是參加各種活動，保證你能開開心心的玩，成為人人羨慕的對象，這樣天天心情都好，作夢也會笑。

　　如此說來，最後的結論是：男朋友、女朋友一起去血拼，各唱各的調、各買各的貨，惹火也快樂，其樂也融融！

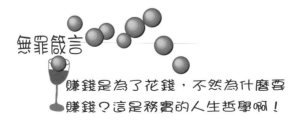

無罪箴言

賺錢是為了花錢，不然為什麼要賺錢？這是務實的人生哲學啊！

30 無聊，也可以是血拼的理由

出去逛街血拼，除了可以全身運動外，還會有殺價的腦力激盪與刺激感，所以是個動靜皆宜，打發無聊時間不錯的選擇。

很奇怪的，我們的社會愈多元化愈進步，會抱怨「好無聊」的人就愈多。以往在農業社會裡，或是台灣經濟剛起飛的那段時間裡，「好無聊」這三個字似乎是不存在的，每個人都為了生活終日忙碌，或為了實現理想埋頭苦幹，根本沒有時間去無聊。社會是更進步了還是退化了，這個答案好像沒有人去關心解答過。

不過，別擔心，還是有「好無聊」的解悶配方的！要打發無聊時間的方法有很多種，你可以選擇靜態的，例如看電視、看書、看漫畫、看電影、聽音樂、聊天打屁……等等，時間就在不知不覺中悄悄地流去，就像詩人徐志摩的詩所說的：「正如我輕輕的去，揮揮衣袖，不帶走一片雲彩」；動態方面可以出外郊遊、運動、跳舞、打保齡球、撞球……等等，時間也飛逝如梭，轉眼間晝去夜來或秋去春來。

如果這兩種方法你都不喜歡，還有一個更新穎的新選擇

——飆網。保證讓你忘了今夕是何夕，更忘了此身處何地。時間是什麼東西已不具任何的意義，這個世界只屬於你與電腦網路的甜蜜兩人世界。因此說它的魔力比愛情還大，這種說法一點也不為過。不過，別忘了還有一種動靜皆宜，也會讓你「忘了我是誰」的好方法——逛街血拼去。

　　為什麼逛街血拼可以打發無聊的時間呢？這可以從好幾個方面來看。綜合來說，它不像靜態的方法大部分時間都固定在同一個地方，久了容易有變成化石的危機；也不像動態的方法，可能會動得滿身大汗，體力不夠好的話可能連老骨頭都不保；更不像上網飆遊戲聊天，大部分的人只有手動與眼動，像半個植物人一樣不太有知覺。出去逛街血拼，除了可以全身運動外，還會有殺價的腦力激盪與刺激感，所以是個打發無聊時間不錯的選擇。至於它有哪些好處，就讓我來為大家細說分明。

多走動多健康

　　既然是外出血拼逛街，除了搭乘交通工具外，別忘了最好的交通工具就是11路公車了，走到哪兒就能血拼到哪兒，雙腳就是最佳的夥伴。人活著就是要動，所以要活動，如果你平常不喜歡運動，那可以趁著血拼時多走動。想要血拼有大豐收的話你可以走快一些，那麼消耗體內熱量的速度會增

快，邊血拼邊運動，一箭雙鵰只有利而無害。如果你只是想要純粹打發無聊時間，那你可以悠閒的散步，放鬆身心邊散心邊採購，也是個減低壓力的好方法。

強化計算與財務管理能力

無聊的時候來動動腦，加加減減來做個算術也是不錯的，血拼正可以符合這樣的要求。很少人血拼時會帶著計算機出門，所以這時可以訓練心算能力，並且對於自己的收入支出預算能有個盤算，總之，多動腦就沒錯了。

與好友聯絡感情

如果一個人血拼還是感到無聊的話，別忘了還可以邀請你的麻吉好友們組織成

「三姑六婆團」或是「血拼朝聖團」一起打拼努力。三姑六婆團除了能在血拼戰區共同併肩作戰外,更能夠閒話家常增進彼此間的默契與感情,有時在殺價的關鍵時刻還能夠互相搭檔,完成殺價的艱難任務。血拼朝聖團則是一群需要有耐力毅力的鬥士共同打拼,專門攻入各個血拼的重點地區完成血拼任務,就如同前一陣子電視廣告所說的――買東西吃東西、買東西吃東西,停下來是不得已的……然後又再買東西吃東西……。

增加成就感

日子過的無趣嗎?生活無聊嗎?血拼能帶給你無法替代的成就感,不過千萬別到不二價的商店去,到傳統的市場去大顯身手吧!傳統市場的好處就是可以跟老闆來場價格爭論戰。通常當你看見一件中意的商品先別急著下手,要先四處打探價格,然後再選擇最便宜的那一家做為起點站。在殺價的同時,千萬先別表現出你非買不可的意願,要稍微的含蓄害羞、欲拒還迎,還要稍稍的面露難色,對於商品有那麼一些些的不滿意,最後再把重點價格拿出來談。當你用最低價格買到自己喜歡的東西,那種成就感是無與倫比的,比考試考了一百分來得開心。

有時間觀念

不管你再怎麼流連血拼的戰場,店家總有休息的時間,

所以這也是你休養生息的時候，它不會像其他打發無聊時間的活動，可以沒日沒夜的持續進行。所以在血拼前，訂定計畫是很重要的：血拼的戰區、停留時間、路線規畫，樣樣環環相扣，好的計畫能為血拼帶來最大的勝利，最後凱旋而歸；若沒有好的時間觀念及計畫，則有可能會無法發揮最大的戰鬥力。所以血拼是可以增加時間概念及計畫能力的。

看看新奇事物

有句話說，秀才不出門，能知天下事，不過卻不適合用在血拼身上。血拼與讀萬卷書行萬里路很相似，一定要親自去探索過體驗過，你才會發現血拼的意義在哪裡。新的商品是新奇的，是賞心悅目的，只要你願意多花一點時間去留意，在各個血拼戰區你都將會發現好玩有趣的新事物。如果這些新商品與你的心靈相互契合，那就心動不如馬上行動，馬上把它帶回家。

正在無聊看著這本書的你心動了嗎？還在等什麼，丟開它，血拼去吧！

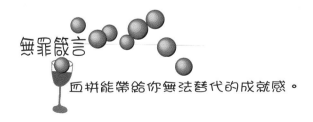

無罪箴言

血拼能帶給你無法替代的成就感。

葉子出版股份有限公司

讀·者·回·函

感謝您購買本公司出版的書籍。

為了更接近讀者的想法，出版您想閱讀的書籍，在此需要勞駕您詳細為我們填寫回函，您的一份心力，將使我們更加努力！！

1.姓名：_____

2.性別：□男 □女

3.生日／年齡：西元_____ 年_____月 _____ 日____歲

4.教育程度：□高中職以下 □專科及大學 □碩士 □博士以上

5.職業別：□學生□服務業□軍警□公教□資訊□傳播□金融□貿易
　　　　　□製造生產□家管□其他_____

6.購書方式／地點名稱：□書店_____□量販店_____□網路_____□郵購_____
　　　　　　　　　　　□書展_____　□其他_____

7.如何得知此出版訊息：□媒體_____　□書訊_____　□書店_____　□其他_____

8.購買原因：□喜歡作者□對書籍內容感興趣□生活或工作需要□其他

9.書籍編排：□專業水準□賞心悅目□設計普通□有待加強

10.書籍封面：□非常出色□平凡普通□毫不起眼

11. E－mail： _____

12喜歡哪一類型的書籍： _____

13.月收入：□兩萬到三萬□三到四萬□四到五萬□五萬以上□十萬以上

14.您認為本書定價：□過高□適當□便宜

15.希望本公司出版哪方面的書籍： _____

16.本公司企劃的書籍分類裡，有哪些書系是您感到興趣的？

□忘憂草（身心靈）□愛麗絲（流行時尚）□紫薇（愛情）□三色菫（財經）

□ 銀杏（健康）□風信子（旅遊文學）□向日葵（青少年）

17.您的寶貴意見：

_____

☆填寫完畢後，可直接寄回（免貼郵票）。

　我們將不定期寄發新書資訊，並優先通知您

　其他優惠活動，再次感謝您！！

106-□□
台北市新生南路3段88號5樓之6

揚智文化事業股份有限公司　　收

□□□-□□
地址：　　市縣　鄉鎮市區　路街 段 巷 弄 號 樓
姓名：

Leaves
Publishing

書號 L4003

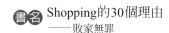
書名 Shopping的30個理由
———敗家無罪

Leaves
Publishing

根

以讀者爲其根本

莖

用生活來做支撐

葉

引發思考或功用

果

獲取效益或趣味